JN101157

今日も世界は迷走中

国際問題のまともな読み方

内藤陽介

ワニブックス

はじめに

２０２２年２月にロシアのウクライナ侵攻が始まって以来、国際ニュースの相当部分はウクライナ情勢についての情報で占められています。もちろん、ウクライナ侵攻はそれ自体がきわめて衝撃的な事件であるだけでなく、エネルギー事情や食糧事情など、世界経済に大きな影響を与えている問題ですから、そこに人々の関心が集中するのは当然のことです。

しかし、当然のことながら、世界の関心がウクライナに集中している裏では、世界の各地で、今後の世界と日本を考える上で無視することのできない重要な出来事が少なからず起きています。ウクライナ情勢に目を奪われるあまり、そうした動きを見逃してしまうのは賢明とは言えないでしょう。

実際、発生時はごくローカルな出来事と思われていた事件が、その後の世界的大事件の遠因になっていたケースは珍しくありません。

たとえば、２０２１年４月に上梓した拙著『世界はいつでも不安定』（ワニブックス刊）では、２０２０年のナゴルノ・カラバフ紛争についてかなりのページ数を割《さ》きましたが、その末尾で筆者は次のように書きました。

《ロシアが仲介した和平合意では、アゼルバイジャンがアルメニアによって武力で占領されていた土地を〝武力によって再び奪還〟することが認められている点が重要です。

なぜなら、第二次世界大戦後の国際秩序というのは、基本的には、〝武力による領土奪還を否定〟するところから出発しています。今回のアゼルバイジャンとアルメニアの停戦合意は、結果として、そうした前提を反故《ほご》にするものだからです。しかも、それを仲介したのがロシアだという点も見逃してはなりません。

おそらく、アメリカ国内で大統領選挙をめぐる混乱がなく、アメリカがナゴルノ・カラバフ紛争に目を向ける余裕があれば（中略）ロシアの仲介でこのような停戦合意が結ばれ、戦後の国際秩序の前提を覆す〝パンドラの箱〟が開けられてしまうことを、アメリカは絶対に看過しなかったはずです。（中略）

いずれにせよ、2020年のナゴルノ・カラバフ紛争は、ドローンを用いた画期的戦術が本格的に採用された最初の戦争であり、第二次世界大戦後の国際秩序に対する根源的な挑戦を含んでいるという点もあわせて、将来的に〝世界史上の重要な事件〟として位置づけられるのではないかと思います》

パンドラの箱が開いた一つの結果として、2022年2月、ロシアはウクライナへの侵攻を開始し、国際秩序に挑戦しています。ウクライナ国家の存在そのものを否定するようなプーチンの主張は、我々の目から見ればあまりにも荒唐無稽なものですから、2022年2月初旬の時点でも多くの専門家は「まさかロシアが実際にウクライナに攻め込むことはあるまい」と考えていました。もちろん、筆者も同意見でした。この点については素直に、皆様にお詫びするとともに己の不明を恥じるところです。

ただし、既存の国際秩序を毀損することに痛痒を感じないというロシア国家の体質は、すでに2020年のナゴルノ・カラバフ紛争の時点でその片鱗をのぞかせていたわけで、その意味では、あの地域紛争がこういう形で世界史の転換点の芽になっていたことを確認できたという点で、拙著もまったく無価値というわけではなかったのではないかと思っています。

そこで、本書では、ウクライナ問題の陰に隠れがちな、それでいて、今後の世界と日本にとっても極めて重要と思われる諸問題について、文化放送の「おはよう寺ちゃん」や同番組から派生したYouTube番組「アフター寺ちゃん」および「ウィークエンド寺ちゃん」、YouTube番組「チャンネルくらら」の「内藤陽介の世界を読む」など、筆者が定期的に出演している番組でお話しした内容に大幅な加筆修正を施してまとめました。

具体的なトピックとしては、まず、2023年3月、中国の仲介でサウジとイランが国交回復したことの意味について、なぜ、そのタイミングだったのかということとあわせて、非米同盟としてのBRICS（特にブラジル）の動きや4月に始まったスーダン内戦についても触れつつまとめました。

ついで、第2章では、昨年（2022）年末にドイツで摘発された極右集団、ライヒスビュルガーによるクーデター未遂事件を踏まえ、昨今のネット上で拡散される陰謀論とその危険性について、それらが各国の情報工作において利用されてきた事例などもあわせて紹介・分析し、警鐘を鳴らしています。

また、欧州における右派勢力伸長の背景には深刻化する移民・難民問題がありますが、第3章では、北欧、特にスウェーデンのクルド人移民・難民問題や、この問題と連動している同国のNATO加盟問題についてまとめました。日本ではスウェーデンなど北欧諸国のことをあたかも理想郷のごとくに紹介している論者も散見されますが、彼らの荒唐無稽な言説に騙されず、我々がスウェーデンの移民政策の失敗を繰り返さないためにはどうすべきなのか、そのためのヒントとしてご活用ください。

第4章では、日本に敵対的だった（少なくとも多くの日本人にはそう見えた）文在寅《ムンジェイン》政権から、日本との関係修復に熱心な尹錫悦《ユンソンニョル》政権への振幅が大きいのはなぜなのか、その理由について歴史的な背景も踏まえて整理しました。少し変わった角度からの韓国理解の一助としていただけると幸いです。

そして、最終章では、「国際問題のまともな読み方」との副題からはずれてしまうかもしれませんが、日本の構造的な問題点と、我々が個人としてもできる対応策についての私見をまとめています。なお、本章に関しては、昨年末にゲスト出演したネット配信番組、「森永康平のビズアップチャンネル」でお話しした内容がベースになっています。

地上波・ネットを問わず、一般的な報道番組では、速報性という観点から、どうしても、事実の推移を逐一追いかけていかざるを得ない面があり、その歴史的・思想的な背景などをじっくりと掘り下げていく余裕を確保しづらいという面もあるでしょう。

これに対して、彼らの苦手な作業、つまり、国際ニュースとして報じられた出来事の背景についてじっくり読みこみ、その「意味」を理解しようというのが本書のスタンスです。

世界各地で不安定な情勢が続き、その対応をめぐって各国政府が迷走しているように見えるなか、我々はどうすべきか、という問題を考えるためのヒントを提供することで、微力ながら、ぜひ、皆様のお役に立ちたいと考えております。

はじめに……3

第1章

中国が仲介したサウジ・イランの国交回復から〝世界を読む〟

もくじ

第2章

取扱注意！今日も世界を動かす「陰謀論」

第3章

日本が見習うべき〝お手本〟北欧の迷走

第4章

みんな知らない韓国〝反日〟の正体

第5章

日本社会の病理とその処方箋

※敬称につきましたは、一部省略いたしました。役職は当時のものです。
※写真にクレジットがないものは、パブリックドメインです。

装丁・本文デザイン　木村慎二郎

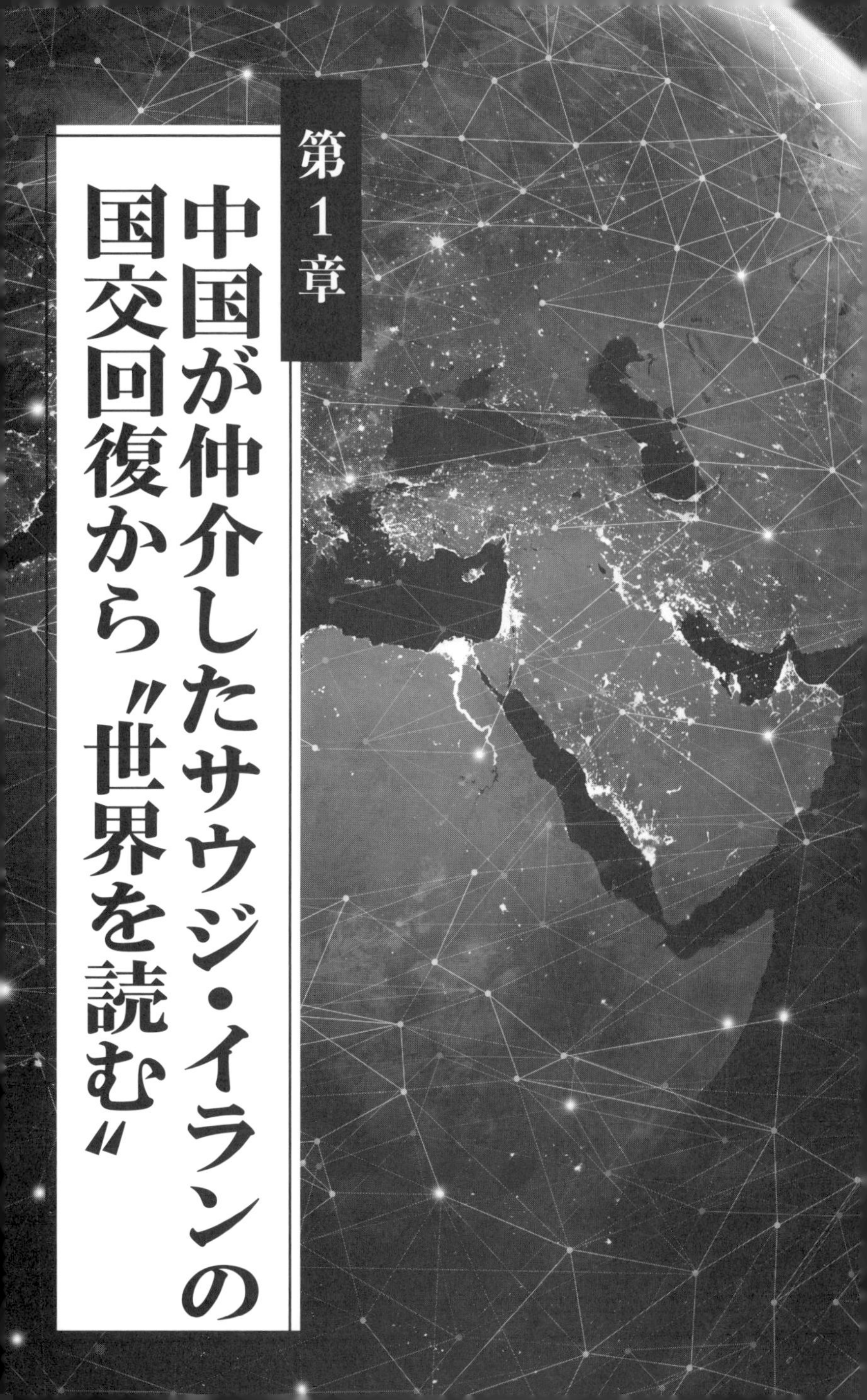

第1章

中国が仲介したサウジ・イランの国交回復から〝世界を読む〟

不倶戴天の敵、イランとサウジはなぜ〝中国の仲介〟で国交回復したのか？

イランとサウジアラビアが中国の仲介で国交回復——。

2023年3月10日、そんな衝撃的なニュースが世界を駆けめぐりました。

イランとサウジアラビア（以下、適宜サウジと略）と言えば、長年にわたって中東で「不倶《ふぐ》戴天《たいてん》の敵」同士。しかも、その〝手打ち〟の仲介をしたのが、中国です。

国交回復交渉は3月6日から北京で行われ、中国から外交担当トップの王毅《おうき》共産党中央政治局委員（中央外事弁公室主任）、サウジからアイバーン国務相兼国家安全保障顧問、イランからシャムハーニー国家最高安全保障評議会書記が参加。10日には、中国・サウジ・イランが3カ国共同声明を発表し、サウジとイランは外交関係を正常化すること、2カ月以内の双方の大使館・代表機関を再開させること、国家主権の尊重と内政への不干渉、外相会談の実施とそれに向けた大使派遣などを含む協定に合意しました。

また、イランとサウジは2001年に締結した安全保障協力協定、1998年に締結した経済・貿易・投資・技術などに関する協定を復活させることにも同意しています。

中国外交部（外務省）によると、今回の会談は、習近平国家主席の呼びかけにイランとサウジが応じる形で開催され、王毅が協議を取り仕切りました。出席したサウジのアイバーンもイランのシャムハーニーも、ともに中国の外交手腕を評価し、会談の実施と成功に感謝したとされています。

一方、王毅も「頼れる仲介者として責任を忠実に果たした」「中東の平和と安定に道を開いた」と〝手柄〟を誇示し、「中国が今後も世界の焦点となる問題で建設的な役割を果たし続ける」と宣言しました。

実はこれまで中国は「君子危うきに近寄らず」のスタンスで〝混沌〟とした中東とは慎重に距離をとってきました。その中国が、いよいよ中東に手を出したのです。

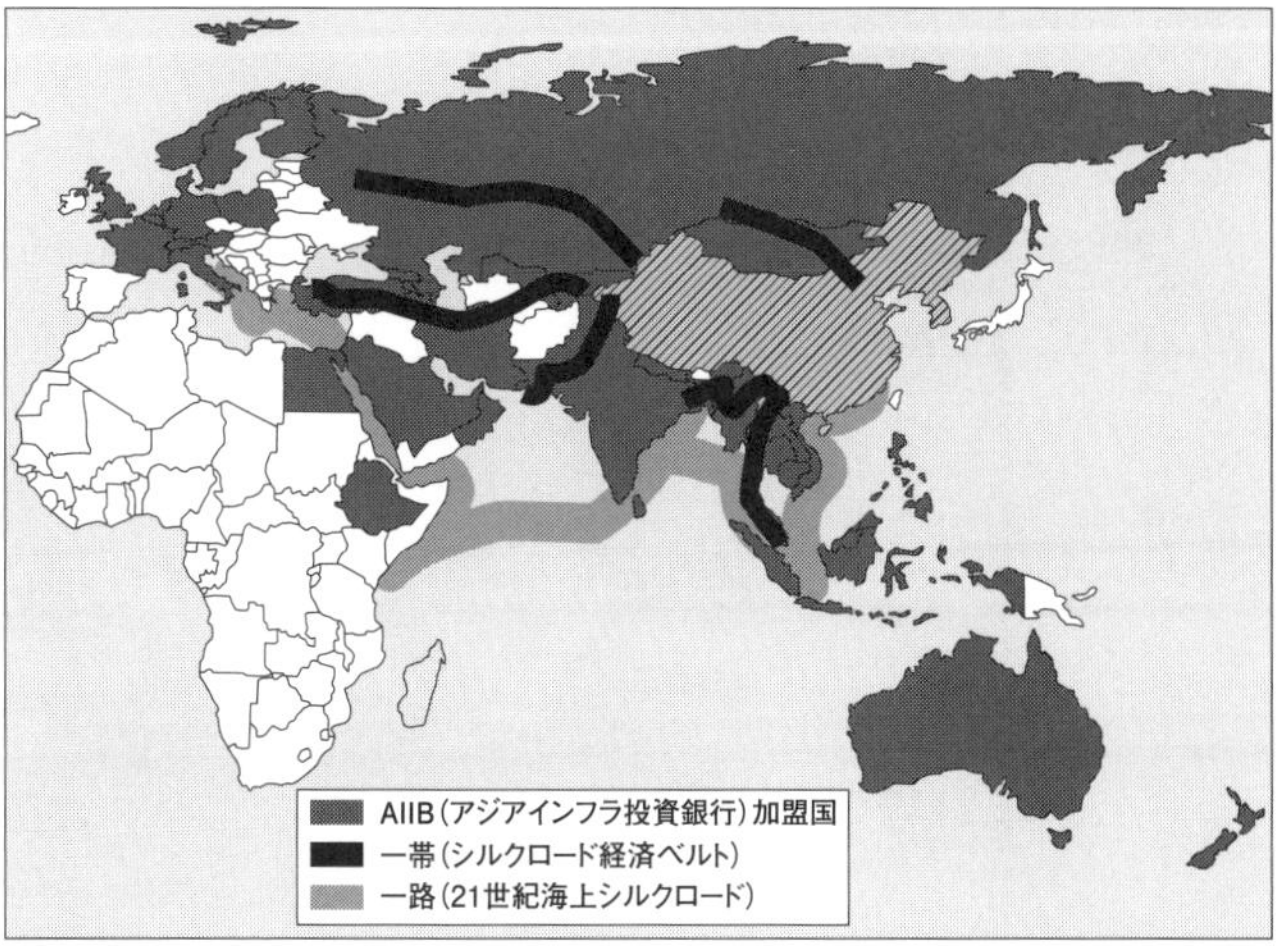

中国が構想する一帯一路とＡＩＩＢ加盟国

もちろん中国には、サウジとイランを〝手打ち〟させることで中東情勢を安定させて、現在推進している一帯一路（習近平政権が2013年に打ち出した、アジアとヨーロッパを陸・海路でつなぐ巨大経済圏構想）にペルシャ湾も組み込んでいく狙いがあると思われます。

それにしても、いったいどういう背景から、このような事態になったのでしょうか。

舞台裏では何が起こっていたのでしょうか。

左からサウジアラビアのアイバーン、中国王毅外相、イランのシャムハーニー ©ロイター／アフロ

「厄介な国」イランを恐れ続けてきたアラブ世界

その話に入る前に、中東情勢にあまり詳しくないという方のためにも、イランとサウジがどういう国なのか、なぜ「不倶戴天の敵」として長年争ってきたのか、簡単に整理しておきましょう。

まずはイランから。

イランについては報道等で触れられる機会も多いので、ある程度どういう国かイメージできている人もたくさんいらっしゃるでしょう。簡単にまとめると、ロシアや北朝鮮と仲が良くて、「反米」を国是に掲げる「イスラム原理主義国家」で、何かと国際社会で問題を起こす「厄介な国」といったところでしょうか。

イランに関する重要なポイントは、中東の国々にとってイランがとてつもない〝脅威〟だということです。

サウジやアラブ首長国連邦（UAE）、イラク、イスラエルなどの周辺国は、これまでイランの脅威にどう対応するかを最重要課題にしてきました。

とりわけペルシャ湾を挟んでイランと対峙するUAEは、イランの脅威に備えるために7つの湾岸首長国が集まってできた連邦国家です。ドバイとアブダビなどは長年対立関係にあった

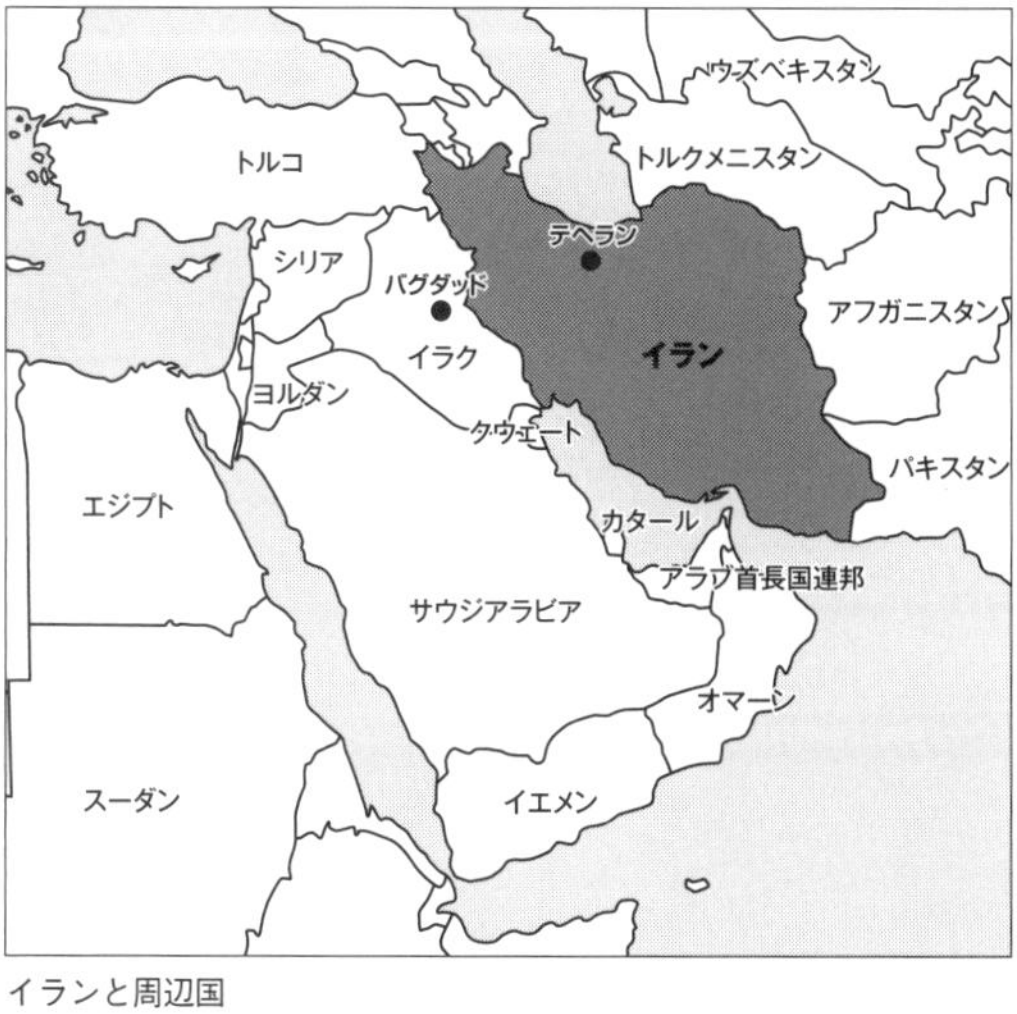

イランと周辺国

のですが、そんなことよりもとにかくイランが怖かったので一つにまとまりました。

記憶に新しいところでは、2020年後半にUAEや、同じくペルシャ湾の首長国バハレーンが「アラブの宿敵」イスラエルとの関係を正常化するという〝事件〟がありましたが、これもイランの脅威に備えるため（イスラエルとアメリカを後ろ盾にしてイランに対抗するため）の〝手打ち〟でした。それほど中東の国々、周辺の国々にとって、イランは恐ろしい国だというわけです。

イスラエルとともに中東情勢を左右する大きな軸となっているのがイランであり、周辺が敵だらけという点もイスラエルとよく似ています。

ちなみに、日本人にはよく「中東＝アラブ」と誤解している人がいますが、アラブとは基本的にアラビア語を母語とする人たちのことを指します。彼らの住む国や地域は、いわゆる中東の大部分を占めるものの、すべてではありません。ペルシャ語のイラン人が住むイラン、トルコ語のトルコ人が住むトルコ、ヘブライ語のユダヤ人が住むイスラエルなどは「アラブ」には含まれないのです。

選挙なし、議会なし、政党なし、民意なんて関係なし、それがサウジアラビア

一方、サウジアラビアはどうでしょうか。

「興味がないのでまったく知らない」という人も多いかもしれませんが、一般的には「アラブの王国で石油大国」、「イスラム教の二大聖地のメッカとメディナがある」くらいのイメージでしょう。日本の国際政治のニュース等では「アラブのリーダー的存在で、西側諸国とも比較的仲が良い」「中東・アラブ世界最大の親米国家」というイメージで語られることが多いように思われます。

しかし、私なりにサウジという国を一言で表すと「〝中東の癌〟以外の何物でもない〝ろくでなし国家〟」です。

選挙なし、議会なし、政党なし、民意なんて関係なし。一握りの特権階級がオイルマネーで好き勝手にやっています。国民は政党の結成を禁止されている上に、反政府を訴えれば取り締まりの対象になるので、「政治活動の自由」や「表現の自由」などというものは存在していません。

アラブ世界の国は、程度の差こそあれ大半が独裁国家です。しかし、サウジに比べれば、形

式的にでも選挙をする国はまだマシだと言えます。

独裁国家の出来レースの選挙でも「候補者を立てる＝人材を〝選ぶ〟」という作業をする段階で個人の能力による選別が行われるので、無能な人間は結果的にふるい落とされていくからです。サウジにはその「ふるい落とし」機能すらありません。

そもそも「サウジアラビア」は、正式には「アル＝マムラカ・アル＝アラビーヤ・アッ＝スウーディーヤ」という名前の王国です。直訳すると「サウード家によるアラビアの王国」。その名の通り、統治王家であるサウード家が〝絶対〟の国、漫画『ナニワ金融道』風に言えば「竈《かまど》の下の灰までサウード家のもの」という国なのです。

多くの日本人にとって、「世襲の独裁国家」と言えば、事実上の「金王朝」と言ってよい北朝鮮が連想されるでしょうが、その北朝鮮ですら「金氏朝鮮」ではなく、公式には「朝鮮民主主義人民共和国」と名乗っています。

もちろん、世界には「リヒテンシュタイン公国」や「ヨルダン・ハシミテ王国」のように、国名に王家の名前を入れている国は存在します。しかし、この両国は「憲法と議会を備えた立憲君主国」です。王室が国家を〝私物化〟しているわけではありません。

これに対して、いわゆる「絶対王政」で、なおかつ王家の名前を堂々と国名に入れているのがサウジです。これは国家が王家の〝所有物〟であることを何ら恥じることなく公言している に等しい行為です。

中世ならいざ知らず、21世紀の今日において「さすがに国名に自分の名前を入れるのはマズイかな?」という〝理性〟が働いていません。

名前ひとつとっても、サウジが「今の世の中からズレているヤバい国」だということがわかります。

安易なサウジ支援は「ナチスを倒すためにスターリンと手を組む」に等しい

日本では、有識者と言われている人たちでも、サウジを「アラブの盟主」と見なし、「イランを抑え込むために不可欠な存在だ」と考えているふしがあります。

確かにイランは問題だらけの「厄介な国」ですが、だからといってイランと敵対関係にあるサウジが「マトモな国」だということにはなりません。むしろイランには、曲がりなりにも憲法や議会が存在するので外形的には「近代国家としての体裁」が整えられています。

一方、サウジはそうした近代国家的な制度がまったく未成熟です。絶対王制下の国王が首相その他の重要なポジションを兼任しています。すなわち、国王が行政機関のトップであり、軍の最高司令官でもあり、立法権さえ独占しているわけです。日本の国会のような立法権を持つ議会は存在していません。統治体制だけ見ても、とうてい西側世界と共存できるような相手ではないのです。

日本の右派・保守系の人たちはどうしてもイランを「ワルモノ」にして、サウジを「イイモノ」にする傾向があります（反対に左派系はイランびいき。ただし、イランの伝統や文化を尊重してイラン愛を語るというよりは、反米をこじらせて無批判にイランを応援している人が多い）。

しかし、両国の関係はかつてのナチスドイツとスターリン時代のソ連のようなものです。

ようするに、どっちもどっちであり、どちらか一方が勢力を

世界史に残る独裁者。右より、殺害人数第１位は毛沢東（7800万人）、２位はスターリン（3000万人）、３位はヒトラー（1100万人）と言われている（数字は推定。諸説あり）

伸ばしても世界が困る。どちらも安易に支援してはいけない。そういう存在なのです。

イランの脅威を抑えるためにサウジを〝対抗馬〟として支援するというのは、「ナチスを倒すためにスターリンと手を組む」にも等しい愚かな行為だと言えます。

まさにアメリカは、そんな第二次世界大戦と同じ過ちを繰り返し、イランに対抗するためにサウジを支援し続けてきたのですが、トランプ政権の末期からサウジと距離を置くようになりました。

サウジがトランプ政権をブチギレさせることをやらかしたからです。

あのトランプもサジを投げたサウジの無法ぶり

２０２０年3月末にＯＰＥＣ（世界輸出国機構）の生産調整が期限切れになると、その後、サウジはマーケットでのシェア争いを仕掛けて、石油の大増産に踏み切り、安売り競争を始めました。

ただでさえ、当時は世界的に新型コロナウイルス禍が深刻で、石油の需要が落ち込んでいた時期です。

そんなことをすれば原油価格は大暴落し、燃料業界は全世界的に大打撃を受けます。

アメリカ国内では、トランプの支持基盤である燃料業界、特にシェール産業が悲惨な状況になりました。当然、トランプ政権は大激怒です。

アメリカからすると、「サウジにはイランの〝カウンター〟として、今までは何かと目をかけてきてやったし、サウジ王室が〝テロリストを飼っている〟こともある程度は黙認してきてやったのに……」という意識があります。

まさにサウジは、恩を仇《あだ》で返したわけです。

堪忍袋の緒が切れたトランプ政権は、２０２０年5月、（イランに対する防衛を意識して）サウジに配備している地対空ミサイルシステム「パトリオット」を撤収すると言い出しました。

「いい加減、サウジの面倒を見切れないから、安全保障も自分で勝手にやればいいじゃないか。もう今までのように、サウジを甘やかさないよ」というわけです。

もっとも、サウジはこの一件の前から、「中東・アラブ世界におけるアメリカのパートナー」

サウジアラビアのサルマーン国王（中央）とトランプ大統領（当時、2017年）

という立場を利用して、好き放題にやっていました。

たとえば2018年8月には、サウジ政府に批判的な複数の人権活動家がサウジで拘束されたことに対し、カナダ政府が抗議するという出来事がありました。サウジ政府はこれを「露骨な内政干渉だ」と非難し、サウジ駐在のカナダ大使を追放。そして、サウジからトロントへの航空便を停止した上、カナダへの投資や貿易を凍結させるという経済制裁を行います。「カネが欲しければ、俺たちの言うことを聞け！」とでも言わんばかりの行為です。

また、その直後の同年10月には、当時サウジ政府に批判的だったジャマル・カショギというサウジアラビア人ジャーナリストがトルコのサウジ領事館内で殺害されるという、有名な「カショギ暗殺事件」が起こります。これに関与を疑われたのが、ムハンマド・ビン・サルマーン（以下、MBS）という人物。なんと、サウジの皇太子です。

サウジ政府は言葉を濁して否定していますが、サウジ以外のほぼ全世界の国々では、あらゆる情報を総合して、MBSのボディガードがMBS本人の指示を受けてカショギを殺害したことはほぼ間違いないとの判断を下しています。

結局、裁判では実行犯とされる5人に死刑判決が出ましたが、MBS自身はお咎《とが》めなしという結果になりました。サウジの王族は普段から国内で好き勝手にやっていますから、おそらく外国でもそのクセがポロッと出てしまったのでしょう。ちなみに、現在、健康に問題を抱えるサウジ国王に代わって国の実権を握っているのが、このＭＢＳです（２０２２年９月に首相就任）。

このように度重なるサウジの無法ぶりにアメリカも苛立っていたところ、前述のトランプを怒らせた石油大増産が決定打となり、アメリカの「サウジ離れ」が進みました。

一方、サウジはそれに対抗するように、この頃から中国への傾斜を強めていきます。２０２０年８月４日には、米紙『ウォール・ストリート・ジャーナル』に「サウジが国内の鉱山で中国と一緒になって核開発のための燃料を採掘している」との疑惑が報じられました。

こうしてアメリカにとってサウジは「アメリカの最大の敵」である中国に接近している〝信用できない国〟となり、現在にいたっています。

ムハンマド・ビン・サルマーン

ジャマル・カショギ

バイデン政権のレームダック(死に体)化でBRICSが復活?

サウジとイランの外交関係は、2016年1月にサウジがイスラム教シーア派の聖職者を処刑し（イランはシーア派国家）、イランがその報復にテヘランのサウジ大使館を襲撃したことをきっかけに、国交を断絶していました。それを今回、中国が仲介して7年ぶりに国交回復させたというわけです。なお、イスラム教がどういう宗教であるか、シーア派とは何か、スンナ派とは何か、という解説をすると話が長くなる上に複雑になるので、ここでは割愛させていただきます。ここではイランがシーア派を代表する国（国民の9割がシーア派ムスリム）であること、サウジがスンナ派のなかでも原理主義的なワッハーブ派の強い影響下にある国だということを押さえておいていただければ十分です。そのあたりのイスラム教の宗教事情については拙著『世界はいつでも不安定』（ワニブックス刊）でわかりやすく解説しているので、興味のある方はぜひご一読ください。

さて、今回のサウジとイランの手打ちの背景には、2022年2月に始まったロシアのウクライナ侵攻（ウクライナ戦争）以降、国際社会の枠組みが大きく変化したことに加え、中国も含めた三者三様の思惑があります。

まず、アメリカのバイデン政権が国内情勢（共和党よりも民主党内の過激な左派に引きずられて国内政治が停滞しているうちに、中間選挙では民主党が多数派を獲得できずに敗北）に加え、ウクライナ情勢に釘付けにされて身動きがとれなくなりました。台湾問題や中国とのデカップリングなどの現在進行中の案件はともかく、それ以外のことに関しては、少なくとも新しい米大統領が誕生する2025年1月まで、アメリカは対外的に大規模な行動には出られません。

ようするに、バイデン政権のレームダック（死に体）化を反米・非米の国々に見透かされているため、各国に好き勝手に動かれている、というのが今回の国交回復の背景のひとつです。

特に2022年秋頃からは、同年11月に実施されるアメリカの中間選挙での民主党の敗北が織り込まれるようになり、イランや北朝鮮をはじめとする反米諸国の動きが活発化したほか、サウジも明確に中国に接近して米中等距離外交を展開するようになりました。

これに関連する出来事として象徴的なのは、2023年1月にブラジルで、BRICS協調路線を掲げ、対米自立を明確に唱えたルーラ大統領が誕生（2003年から

ルイス・イナシオ・ルーラ・ダ・シルヴァ（ルーラ大統領）

2011年まで大統領を務めていたことがあるので正確には再選）したことです。

BRICSとは、ブラジル（Brazil）、ロシア（Russia）、インド（India）、中国（China）、南アフリカ（South Africa）の5か国の頭文字を並べたものです。著しい経済成長の発展が見込まれる新興国グループとして注目を集めていたのですが、近年は中・印以外のBRSの経済が低迷していたことで有名無実化していました。加えて、メンバーにロシアがいること、すなわちウクライナ戦争以降「親露」が国際的にタブー視されるようになっていたことも、BRICSが盛り上がらなくなった一因です。

しかし、ルーラは2022年の選挙期間中から、BRICSの復権を訴え、10月30日に見事当選を果たしました。のちに撤回したものの、選挙期間中には「プーチン氏はウクライナを侵略すべきではなかった」としながらも「戦争について、ウクライナ大統領はプーチン氏同様に責任がある」と強調。「ゼレンスキー氏は戦争をしたかったのだろう。さもなければ、もう少し交渉をしていたはずだ」と述べ、ゼレンスキー氏の侵略回避努力が足りなかったと指摘しました。また、侵略の要因とされる北大西洋条約機構（NATO）拡大についても、米国や欧州連合（EU）の責任を追及しています。

とにかくこうして、「反米」とは言わないまでも、対米中立を明確に打ち出した「非米」路線の大統領がブラジルに生まれたわけです。それを受けて中国もBRICS復権を目指す方向に舵を切ったと見られます。

また、ルーラ当選の少し前には、イランとサウジもBRICS加盟を希望しています。

2022年10月20日、サウジのMBSがBRICSに加盟したい考えを表明したという報道を受け、中国外交部の汪文斌《おうぶんひん》報道官は定例記者会見で「中国は今年のBRICS議長国として、BRICSがメンバー拡大に着手することを積極的に支持する。中国はBRICSのパートナーとともに、着実に拡大を推し進めて、志を同じくするパートナーがこの先行きの明るい事業にさらに多く参加できるようにする」と述べています。

おそらくサウジとイランはBRICSの国を一帯一路における「上級会員」というイメージで捉えているので

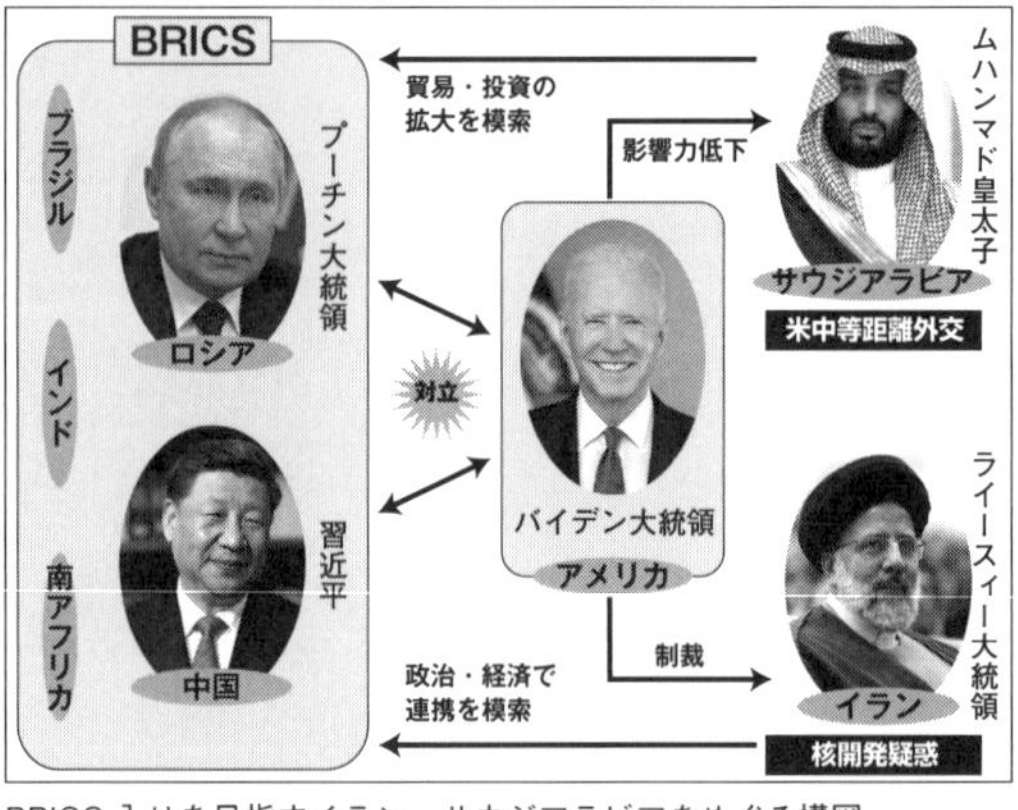

BRICS入りを目指すイラン、サウジアラビアをめぐる構図

しょう。すなわち、一帯一路における自分たちのレーティングを上げるために、BRICS入りを希望しているのだと思われます。

BRICSはもともと経済的な枠組みでしたが、ロシアのウクライナ侵攻以降、「非米路線の中立派同盟」とでも言うべき政治的な枠組みに移行した感がありました。そこにサウジとイランが入りたいと表明したのも、今回の国交回復の重要な伏線になっています。

オバマめ、余計なことを⁉　問題だらけのイラン核合意

もう一つ、今回のイラン・サウジの国交回復を読み解く上で重要なポイントになるのが2015年のイラン核合意です。

イラン核合意とは、イランがウラン濃縮活動などの核開発を大幅に縮小するとともに、IAEA（国際原子力機関）が行うよりも厳密な査察を受け入れ、その代償として、国連安保理の常任理事国の5カ国とドイツ（P5＋1）がイランの核開発に関する経済制裁を段階的に解除していくというものです。2015年7月にオバマ政権下で成立し、同年11月にはイラン産原

油禁輸措置が解除されたことで、当時制裁に苦しめられていたイラン経済が息を吹き返すことになりました。

イランの脅威と対峙してきた中東の国々からすると、「せっかく経済制裁でイランが弱っていたのに……。オバマめ、余計なことをしやがって！」という心境です。特に建国以来イランの脅威にさらされ続けてきたＵＡＥにとっては、核合意などまさに〝悪夢〟そのもの。この核合意でオバマ政権の中東政策に強い危機感を抱いたＵＡＥは、「敵の敵は味方」の理論でイスラエルに接近するようになりました。

バラク・オバマ

その後、オバマ政権からトランプ政権に代わると、アメリカは２０１８年5月にイラン核合意を離脱。11月にはイランへの経済制裁を再開します。

もともとトランプは、２０１６年の大統領選挙の時から、イラン核合意がイランの核計画を期限付きでしか制限していないことや、弾道ミサイル開発を制止していないことなどの〝欠陥〟を指摘していました。そのため、出馬の際には「そんな欠陥合意にアメリカが参加する必要はない」と核合意離脱を公約として掲げています。

つまり、トランプはその公約をただ忠実に実行したということです。

よく「トランプは親サウジだから核合意を離脱した」と誤解されているのですが、前述の通り、トランプは親サウジではありません。2020年米大統領選挙のキャンペーン中に、バイデンがトランプ批判の文脈で、人権と環境の観点からトランプを親サウジとして批判したことから「トランプ＝親サウジ」という誤解が広まったのでしょう。

むしろトランプはサウジを切り捨てに行く方向に動いています。核合意離脱におけるトランプ政権の〝本音〟は「イラン産原油を国際市場から締め出すことでイランを弱体化させ、完全に去勢できれば、コストばかりかかる中東からやっと撤退できるぞ！」という「損切り」の発想でした。

いずれにせよ、イランと対峙する中東の国々からすると喜ばしい展開だったのですが、そう安心してばかりもいられませんでした。トランプと次の大統領の座をかけて争うことになったのが、オバマ政権で副大統領を務めたバイデンだったからです。

2020年の大統領選挙で（当時オバマ路線の継承者と見られていた）バイデンがトランプに勝利して大統領になれば、バイデン政権が核合意を再建する恐れがあります。実際、バイデンは核合意への復帰を選挙公約に掲げていました。

しかも、当時のアメリカは、前述の通り「サウジ離れ」を加速させていた時期です。中東の国々からすれば、バックにアメリカのいないハリボテの「アラブの盟主」サウジよりも、バックにアメリカがいる「アラブの宿敵」イスラエルのほうが、対イランではよっぽど頼りになります。

トランプ政権末期にUAEその他の国々が相次いでイスラエルと国交を正常化したのも、そうした文脈での出来事です。ようするに、もしバイデン政権が誕生しても、イスラエルとそのバックにいるアメリカを巻き込んでイランに対抗するための〝保険〟だったというわけです。

なぜバイデン政権は公約の核合意復活を果たせていないのか?

先にも述べた通り、核合意の再建はバイデン政権の公約です。

原油高解消のため、イラン産原油が市場に出回ることを期待するEUや中国も支持しています。そのため、当初はバイデン政権誕生からそれほど時間を経ずにアメリカが核合意に復帰するだろうと見られていました。

ところが、大方の予想に反して、バイデン政権は今日にいたるまで核合意に復帰していません。

そのあたりの事情についても、時系列を追って見ていきましょう。

説明不要かもしれませんが、中国とイランの緊密な関係は今に始まったことではありません。反米を掲げるイランからしてみれば、アメリカに対抗するために中国と手を組もうとするのは自然な流れです。

実際、イランはまだ核合意が生きていた2016年の時点で中国と包括的パートナーシップを結んでいます。この時の共同声明は、政治、行政、司法、防衛・安全保障、人的・文化的な交流など20項目からなる幅広いものでした。一帯一路の推進や、アジアインフラ投資銀行での協力、核合意を歓迎することなども含まれています。

このように、イランが中国と緊密な関係を結んでいくこと自体は、核合意がまだ生きていた段階ですでに方向性として決まっていました。つまり、当時のイラン（ロウハーニー政権）は、この中国との協力関係と核合意を足掛かりに経済を立て直し、国際社会にも復帰しようと考えていたわけです。

しかし、その思惑は、トランプ政権が核合意を離脱したことでひっくり返されてしまいます。イランとしては、頼みにしていた「核合意」を失ったとなると、残る「中国との協力関係」を活かさざるを得ません。

そこで、2020年7月にはイラン・中国包括的協力協定を締結。中国側がイランの港湾、高速鉄道、次世代通信規格「5G」を含むインフラ整備などに25年間で4000億ドル相当を投資することが決まり、イランが一帯一路の重要なパートナーに位置づけられました。

一方、中国はその見返りとして、イラン産の石油を安価で安定的に獲得できるようになり、中東の拠点となるイラン沖のキーシュ島を25年間租借する権利も得ています。両国軍の合同訓練、兵器開発、情報共有など、軍事的な協力関係もこの時に深められました。

さて、この状況を半年後の2021年1月に誕生したバイデン政権はどう見ていたか。

中国がイランへの影響力を強めていくのは、当然望ましくはありません。だから、選挙公約に掲げた通り、核合意の再建を目指しました。繰り返しますが、当時UAEらはそれを先読みしてイスラエルと手を組み始めたわけです。

同年7月にはイランでも大統領選挙があり、強硬保守派に支持されたライースィー大統領が当選します。

前政権のロウハーニー元大統領は、2013年の選挙で国際協調路線を掲げ、穏健派や改革派からの支持を受けて当選し、2015年に核合意を結びました。

しかし、その後、トランプ政権による核合意離脱とイラン

エブラーヒム・ライースィー

への経済制裁再開によって、評価が暴落。ロウハーニー政権への失望と、長く続く経済制裁による国民の生活苦を背景に、保守強硬派の反米勢力が台頭し、ライースィー政権が誕生したというわけです。

ところで、現在のイランの最高指導者アリー・ハーメネイー師は、過去に大統領を務めたこともあり、これまで何度も（イラン側から見て）アメリカの〝裏切り〟を経験してきました。だから、アメリカがバイデン政権に代わって核合意の再建を進めると言っても、どうしても「また裏切られるのでは……」という不信感をぬぐえません。

こうしたアメリカへの不信感は、イラン国内の保守強硬派に共有されています。

そのため、ライースィー政権も、核合意自体の必要性を認めてはいるものの、再びアメリカに約束を反故《ほご》にされてしまう可能性を想定し、ギリギリまで核開発をしながら交渉を進めていくことにしました。

この頃にはすでに濃縮度60％の高濃縮ウランを製造するなど、イランは核合意から逸脱した行動をとっています（核合意ではイランによるウラン濃縮の上限を3・67％と規定）。ウランの濃

ルサン・ロウハーニー

縮度は90％で核兵器への転用が可能なので、核兵器の製造まであと一歩という技術水準です。

イランは「濃縮度60％のウランはさまざまな放射性医薬品を作るのに使用するために製造した（＝平和のための核利用だ）」と主張しましたが、アメリカからすると「ウソつけ！」です。

そうなると、今度はアメリカ側も（そもそも反米国家なので信用していませんが）イランに不信感を抱くようになります。

アメリカは核合意を復活させたい。イランも国内経済を立て直すためには核合意を復活させたい――両国の目標は完全に一致しているのですが、お互いがお互いを信用できないため、交渉は平行線をたどりました。

イラン側が「まず経済制裁を解除しろ。そうしたら核合意で決めた約束を守る」と言えば、アメリカ側は「先に制裁解除などありえん。まずは核合意を完全に守れ」と言い返すといった条件闘争が始まったわけです。

ウクライナ戦争で、「国際社会のはみ出し者」同士がくっついた

こうして核合意交渉の膠着《こうちゃく》状態が続くなか、2022年2月にロシアのウクライナ侵攻が勃発します。

その結果、何が起こったか。

今度はロシアとイランが接近しました。

まず7月にロシアのプーチン大統領がイランを訪れ、イランの最高指導者ハーメネイー師やライースィー大統領と相次いで会談。イランと経済・安全保障などの分野で協力を深めるとともに、ウクライナ侵攻に踏み切ったロシアの立場への理解をハーメネイー師から直接取り付けることに成功しました。ちなみに、これはウクライナ侵攻後、旧ソビエト諸国以外では初となるプーチンの外国訪問でした。

続けて9月には、中国とロシアが主導するSCO（上海協力機構）首脳会議で、イランが正式加盟の覚書に署名。この頃から、イラン製の自爆型ドローン（無人航空機）が、ウクライナの戦場で使用されていると指摘されるようになりました。

中東有数の軍事大国であるイランは高い軍事技術を持っています。ドローンや地対空ミサイルなどの兵器も国産が可能です。

そのため、ロシアからすれば、戦争の長期化とともに武器が不足してくるので、イランに武器を供給してほしい。一方、イランは経済制裁が苦しいので、武器を売ってロシアからおカネが入ってくれれば助かります。こうして両者の利害が一致して、「国際社会のはみ出し者」同士がくっついたわけです。

本音がポロリ、「核合意は死んだ」と言っちゃった！バイデンの失言

当然ながら、イランがロシアと手を組んだとなると、核合意再開の交渉はさらに難航します。そして、そこに追い打ちをかけるように、バイデンがやらかしてしまいます。

2022年11月4日、中間選挙に向けて西部カリフォルニア州（イラン系住民が多い）で行われていた選挙集会で、バイデンはイラン系とみられる女性支持者から「核合意は死んだ」と発表するよう頼まれ、こう応じました。

「それはできない。理由はたくさんある。核合意は死んだ。だが、我々はそれを発表するつもりはない」

さらに、女性がイランの現政権について「彼らは私たちの代表ではない」と続けると、バイデンは「代表していないことはわかっている。でも、彼らはいずれ核兵器を持つことになるだろう」と発言しています。

オフレコの場だと思って私的な考えを述べたにしても、これは明らかに失言です。

実際に核合意が「死んだ」としても、バイデンは立場上、「粘り強く交渉は続けていく」と言わなければなりません。

バイデンは核合意への復帰を選挙時の公約として掲げていた上に、その結果誕生したバイデン政権には、核合意を成立させたオバマ政権時代のメンバーが多数集まっています。

当然、バイデン政権のスタッフたちは核合意

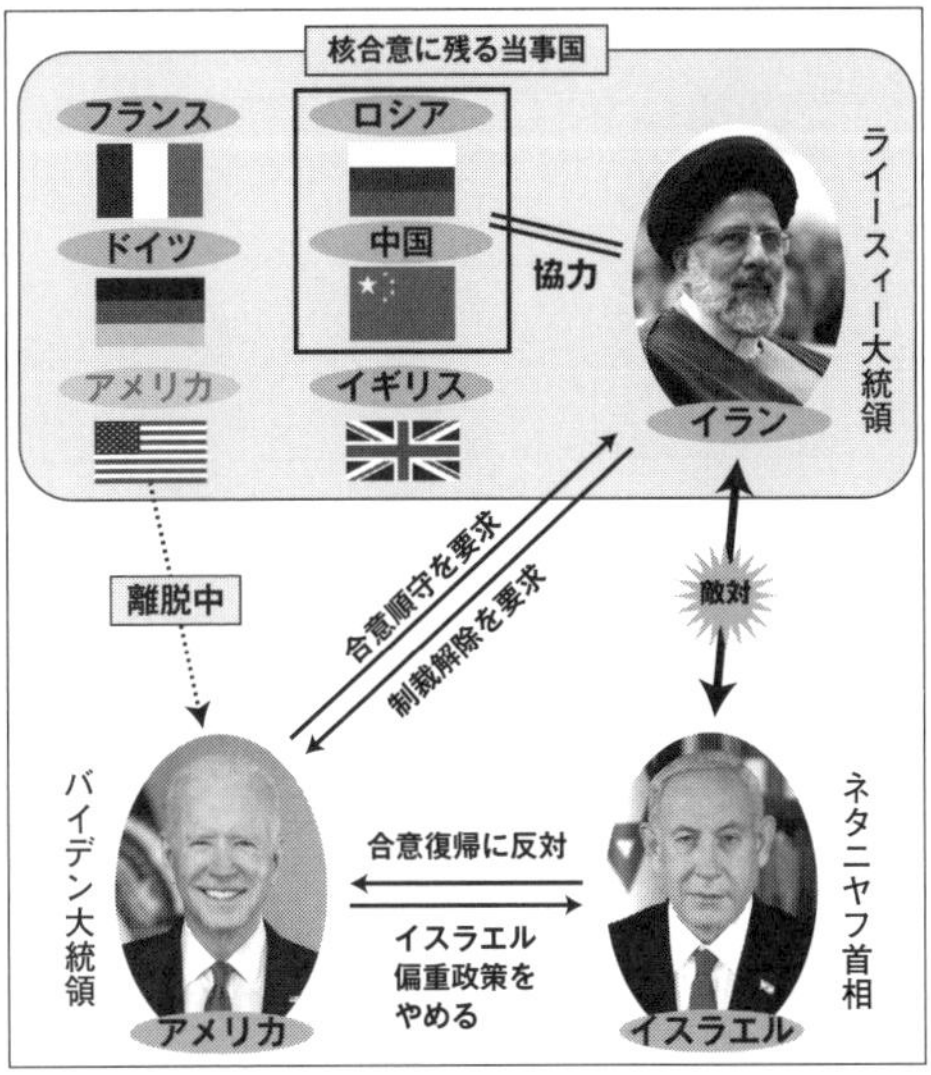

イラン核合意をめぐる相関図

を再建したいと思っていたでしょうし、世界の国々もそう認識していました。

しかし、肝心のボスが「もう核合意なんて実際のところもう死んじゃっているよね。その結果、イランがいずれ核兵器を持つようになっちゃっても仕方ないよね」とうっかり口にしてしまいました。「もはや核合意を再建するつもりはない」という〝本音〟（少なくとも周囲にそう捉えられかねない言葉）を漏らしてしまったのです。

翌月、この時の動画がSNSで拡散されると、政府高官が〝火消し〟に追われることになりました。

国家安全保障会議（NSC）のカービー戦略広報調整官は12月20日の記者会見で「近い将来に交渉が進展するとは考えていないということだ」、「イランが（同年9月、頭髪を覆うスカーフの着用法が不適切だという理由で女性が警察に拘束されて死亡したマフサ・アサミ事件に端を発するデモへの弾圧で）自国民を殺害し、ロシアにドローンを売却している時に、交渉の合意が得られるとは思わない。我々が注力しているのはデモ弾圧や兵器供給に対処することだ」、「イランが核兵器を保有する能力を持つことは許さない。平和的な方法で解決されるのが望ましい（＝核合意は死んでいない）」と強調しています。

しかし、当然、世界の国々はバイデンの言葉のほうを政権の〝本音〟と見なします。

この頃から「アメリカはもう核合意の再建を断念した」というコンセンサスで各国が動き出すようになりました。

サウジにもナメられたバイデン政権

ところで、この時期、アメリカがイランの〝カウンター〟として支援してきたサウジはどうしていたのでしょうか。

サウジとアメリカの関係はトランプ政権時代に冷却化しましたが、イランの存在がある以上、バイデン政権になってからもさすがに敵対するまでにはいたっていません。

しかし、サウジはサウジでバイデン政権の足元を見て好き勝手に行動しています。

バイデン大統領は２０２２年7月中旬にサウジを訪問し、ウクライナ侵攻を受けて高騰しているエネルギー価格を引き下げるとともに、ロシアの資金源に打撃を与えるため、石油を増産するよう働きかけを強めてきました。

しかし、サウジは10月5日、バイデン政権の度重なる要請を無視する形で、11月から日量２００万バレルというＯＰＥＣの大幅減産の決定を主導します。

当然これにアメリカは激怒し、同月10日には米上院外交委員会のメネンデス委員長（民主党）が声明で、サウジへの今後の武器売却を阻止する考えを表明。バイデン政権に対し、同国が対露姿勢を転換しない限り、あらゆる協力関係を凍結すべきだと促しました。

これに対し、サウジ外務省は「減産の決定は、市場を考慮して決められたものだ。国際紛争のどちらかの側についているとか、決定においてアメリカに対する政治的な動機があったという事実はない」という声明を発表します。

おそらくサウジの本音は「今のバイデン政権と仲良くして俺たちに何かメリットあるの？」といったところでしょう。

ちょうどこの頃は、翌11月に実施されるアメリカの中間選挙でバイデン政権の敗北が予想されていた時期です。もはやアメリカにサウジをコントロールする力がないことが露呈した一件でした。

この様子を傍目《はため》で見ていたイランは「今のバイデン政権にはサウジと協力して俺たちに何かを仕掛けてくるような余裕はない」と読んだのでしょう。ここからますますロシアとの結びつきを強めていきます。

バイデンの失言でチキンレースのアクセルを踏み込んだイラン

2021年7月にライースィー政権ができた時には、イランも核合意が復活するという前提でアメリカと核開発でチキンレースをするというスタンスでした。しかし、バイデンの失言もあって「少なくともバイデン政権の間は核合意を復活させるのは難しい」という認識に変わり、それを新たな前提として動き出します。

最初に疑いをかけられて以来、イランはウクライナ戦争におけるロシアへの武器供与を否定し続けてきました。しかし、バイデンが失言した頃からもはやそれを隠さなくなります。ようするに、強気路線に舵を切ったわけです。

また、ここでイランは「核合意での経済再建が無理なら、いっそのこと核を持ってしまえばいい」という発想に転換します。実際に核武装に踏み切るかはさておき、これまで以上にチキンレースのアクセルを踏み込もうとするのは、ある意味自然の流れでしょう。

そうなると、核保有国であり、核や弾道ミサイルに関する技術を持っているロシアは、パートナーとしてうってつけの存在です。ロシアに武器を提供すれば経済的にも潤う上に、核開発での協力も期待できます。

実際、バイデンの失言や中間選挙があった２０２２年11月頃からイランの核開発のペースが上がっていきました。

11月22日には、中部フォルドゥの地下核施設で濃縮度60％の高濃縮ウラン製造を開始。これはイランに対してＩＡＥＡが未申告の核開発疑惑について検証に応じるよう求める決議を採択したことへの対抗措置とされています。繰り返しますが、ウランの濃縮度は90％で核兵器への転用が可能であり、核合意ではイランのウラン濃縮の上限は3・67％です。

続けて12月4日には、8年、20億ドルをかけてイラクとの国境に近い南西部のフーゼスタン州に新しい原子力発電所「カールーン」（３００メガワット）の建設を開始したことをイラン国営テレ

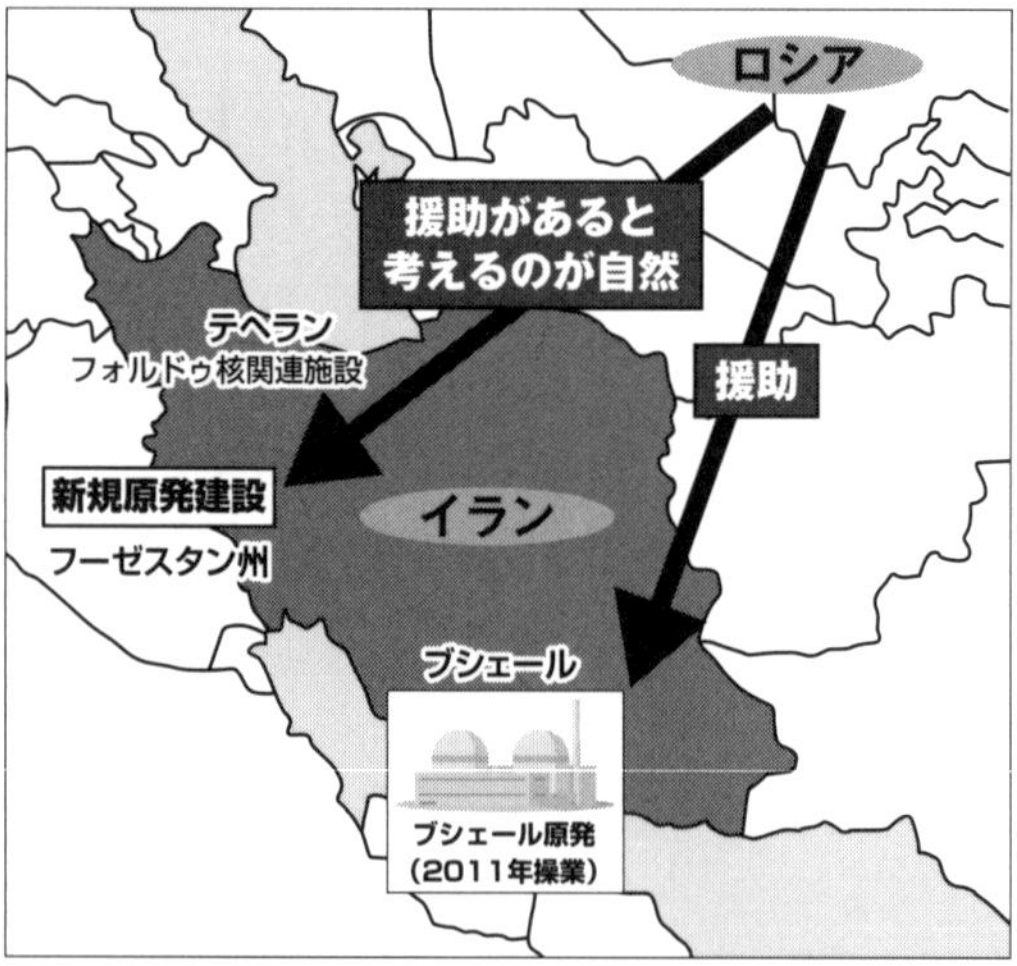

イランが新たに建設を進めるフーゼスタン州の原子力発電所

ビが発表しました。

ところで、イランには南部のブシェール港に2011年操業開始の原子力発電所があるのですが、これはロシアの援助を受けて建設されたものです。ウクライナ戦争後のイランとロシアの親密な関係を踏まえれば、カールーン原発の建設にあたってもロシアの技術協力があると考えるほうが自然です。

この一連の流れからは、イランがロシアの協力を得て核を保有する気が満々だということが読み取れます。「アメリカが核合意の話に乗ってこないなら、ロシアと組んでいっそ核を持ってしまえばいい。北朝鮮にしろパキスタンにしろ、核を持った時は非難されるけれど、核さえ持ってしまえば潰されないから大丈夫だ」くらいのことを考えていたのではないでしょうか。

アメリカがイスラエルのイラン攻撃を容認した？

こうしてイランが核開発を加速させるなか、年が明けた2023年1月28日にイラン中部イスファハン州の軍需工場がイスラエルの小型無人機3機に攻撃されるという事件が起こりました。

ここまではよくある話（？）なので、イスラエルによる単なる嫌がらせかと思われたのですが、直後に雲行きが怪しくなります。

2月に入ると、バイデンの失言で火消しに回っていた国家安全保障会議（NSC）のカービー戦略広報調整官が、核合意の交渉が暗礁に乗り上げていることを認めた上で「交渉には集中していない」と発言。バイデン政権がもはや核合意の交渉を重視していないことをほのめかしました。

バイデンの失言直後は「そうは言っても、バイデン政権はいずれ核合意をやるつもりだよ。今はイランの核開発や人権問題で一時的に交渉がストップしているだけでしょ」と見る向きもあったのですが、このカービーの発言が決定打となり「バイデン政権は核合意をあきらめた」というコンセンサスが確定します。

実際、報道でも「バイデン政権はすでに交渉をあきらめており、どうすればイランの核計画を阻止できるかに傾注している」といった米当局者の発言まで漏れ聞こえてくるようになりました。

また、この報道と連動する形で、ナイズ駐イスラエル米大使が「イスラエルはイランに対処するため必要なことは何でも行うべきだし、アメリカはそれを援護する」と発言。タイミングがタイミングなだけに、このメッセージは、アメリカがイスラエルのイラン攻撃を容認したものと捉えられてしまいました。

当時ブリンケン国務長官は「イスラエルのイラク攻撃に〝青信号〟を与えたのか」との質問を受け「外交的解決を信じる」と答えていますが、アメリカとしても、イランが核開発において、想定する危険水域のレベルを超えていると認識したのは確かでしょう。

一帯一路に活路を見出すしかなかったイラン

2023年2月14日には、イランのライースィー大統領が中国を訪問し、習近平国家主席と会談しています。

この時の共同声明では、核合意の履行促進のために「検証可能な形ですべての関連制裁を全面解除すべき」と強調されたほか、イランが一帯一路に全面的参加することなども盛り込まれました。

この動きの背景には、2023年に入って西側のイランへの締め付けがいっそう厳しくなったことがあります。1月18日にはEU議会がイランの最高指導者直属の軍隊であるイスラム革命防衛隊（IRGC）をテロ組織として認定し、2月3日には、IAEAへのイランの核開発状況の通知義務違反をアメリカ、イギリス、フランス、ドイツが非難するなど、イランへの制裁強化の機運が高まっていました。

そうなると、当然イランはますますロシアとの関係を強化していくのですが、核開発では頼りになるロシアも、肝心のおカネをそれほど持っているわけではありません。アンチ西側でおカネを持っている国と言えば、やはり中国です。これもまた自然な流れとして、イランは中国に接近していくことになりました。

イランは自分たちのことを一帯一路におけるインド洋・中央アジア・カスピ海周辺地域を結ぶハブ（接点）と見なし、国内の鉄道や高速道路の建設などを進めています。一帯一路と一体化することで、欧米の制裁下でも〝持続可能〟な経済の立て直しに取り組んでいるというわけです。

イランのライースィー大統領、習近平と会談
©新華社／アフロ

実は習近平・ライースィー会談の前からイランはハブとしての実績もつくっていました。

イラン南東部のバルチスタン州にチャバハールという港があります。

インド洋からイラン、アゼルバイジャンを経由してロシアにいたる南北輸送ルートの拠点となる港です。

このチャバハール港と中国との間の船舶の直行便が2022年12月から就航しています。

イランがウクライナ戦争でロシアに武器を売っておカネを得ているといっても、あくまでもそれは一時しのぎ的なものです。これからもアメリカと敵対していく以上、やはり長期的に安定した継続収入が欲しい。そうなると、ここで中国としっかり手を組んで、一帯一路と一体化してしまったほうが得策だと考えたわけです。

というよりも「核合意を完全にあきらめたわけではないけれど、バイデン政権の間は難しそうだから、一帯一路に活路を見出すしかなかった」と表現したほうが実情に近いかもしれません。

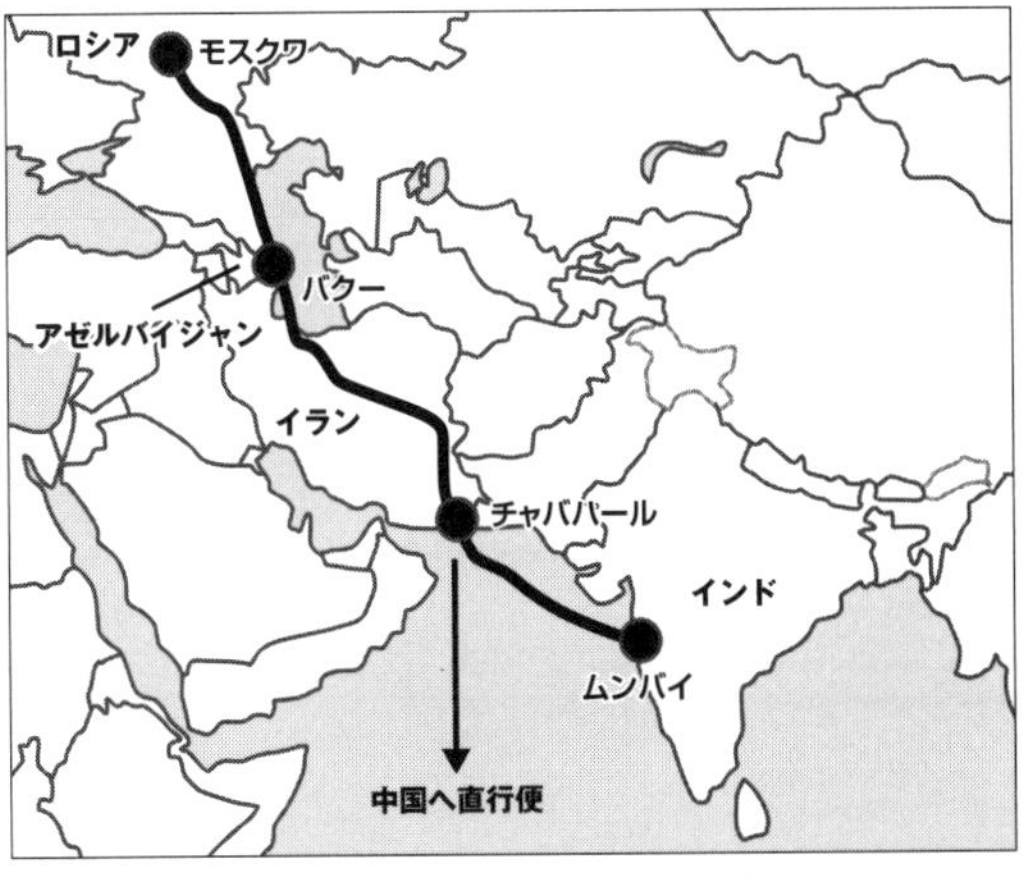

中国の一帯一路におけるイランの役割はインド洋・中央アジア・カスピ海周辺地域を結ぶハブ(接点)

「意図せず」ウラン濃縮度80%超え!?

習近平・ライースィー会談の直後にはイランの核開発問題でも大きな動きがありました。

2023年2月28日、IAEAの報告書をもとに、イランが1月時点で中部ファルドゥの地下核施設においてウラン濃縮度を83・7%まで高めていたことが報じられたのです。

濃縮度83・7%は、IAEAが確認した水準としては過去最高で、核兵器に転用可能とされる90%まであと6%に迫ります。ちなみに、濃縮度60%のウランの貯蔵量も、前年11月の報告時より25・2キロ増えて87・5キロに増量しました。

この時、イラン側は「(60%への)濃縮過程で意図しない変動が起きたかもしれない」と主張しています。ようするに「技術的なミスでたまたま80%を超えちゃったんですよ」とのことですが、苦しい言い訳です。というのも、前年11月には、IAEAの査察官に対し、ファルドゥの地下核施設で核爆弾級の濃縮ウランを製造する計画があることを明らかにしていました。「意図しない変動」という説明には無理があります。

いずれにせよ、この時点でイランがいつでも核武装しようと思えばできる段階にきてしまったわけです。

この報道があった同日、アメリカ国防総省のカール次官（政策担当）は下院公聴会でイランの核開発状況に関して、「イランは今や〝約12日間〟で核爆弾1個分の核分裂性物質を製造できる能力を保持している可能性がある」というかなり具体的な数字を示しました。トランプ政権が核合意を離脱した2018年当時の生産所要時間は〝約1年〟と推定されていたので、今回それが大幅に短縮されたというわけです。

まさにイランが核を保有するまで秒読み。各国がどう動くのかが注目されるなか、直後の3月10日に中国がサウジとイランの国交回復を仲介しました。

もちろん良識からではないが、なぜ中国は核拡散防止に積極的なのか？

核合意の話がかなり長くなってしまいましたが、ここでようやく本題（中国の仲介によるサウジとイランの国交回復）に戻ります。

実は中国は以前からサウジとイランの関係改善に向けた仲介をしてきたのですが、それが急速に動き出したのは2023年に入ってからです。

なぜでしょうか。

理由は、これまで述べてきた通り、イランの核開発が急速に進んだからです。

中国は核拡散防止に積極的に取り組んでいます。

言うまでもないことですが、中国は別に良識に基づいて行動してきたわけではありません。自分たちにとって都合の良い現在の国際秩序（中国が「国連常任理事国」という〝権益〟を有している現在の国際秩序）を壊したくない（少なくとも現状の枠組みは維持したい）からです。国連の常任理事国という立場を使って、国際機関に自分たちの影響力を拡大し、途上国を取り込み、多数派工作をして、国際秩序の枠組みを自分たちに有利なように変えていきたい――それが中国の基本的なスタンスです。

イランが核を持つのは、中国としても非常に困ります。

もしイランが核を持てば、地理的にも立場的にもイランと直接対峙しているサウジも核を持たざるを得ません。そうなると、どんどん核が拡散していきます。中国としては、そのような事態を何としても阻止しなければなりません。

だから、核合意が望み薄となって一帯一路に頼ってきたイランを取り込みました。イランが西側諸国から締め出されても、一帯一路のハブとして中国経済圏で〝食える〟ようになることで、核開発に歯止めをかけたかったわけです。

中国がサウジ・イランを取り込むメリットとは？

もちろん、中国側にもイランを取り込むメリットはあります。

イランからの石油を確保できるだけではありません。

中国には、これからBRICSやその他の枠組みを通じて反米・非米勢力のリーダーとして存在感を示したいという野望があります。ならば、「反米」の象徴であり、「反米」界のヒーローとしてカリスマ性のあるイランは、今後そうした枠組みに反米・非米の国々を糾合していく上で、絶対に仲間に入れておきたいメンバーです。

一方、サウジはどうでしょうか。

サウジはイスラム原理主義者から言わせると（実態はともかくイメージとしては）「アメリカの犬」です。少なくともそう見られても仕方がない行動をこれまでとってきたので、反米・非米勢力を集める求心力としては、イランのように期待はできません。

しかし、サウジには、石油をはじめ、もろもろの〝実利〟があります。

そもそもペルシャ湾から紅海にまたがるサウジ周辺は、これまで一応「親米エリア」と見なされてきたので、中国が推進する一帯一路とは距離がありました。そのサウジがイランと手打ちをして経済関係を再開し、紅海・ペルシャ湾の情勢が安定すれば、中国にとっては、一帯一路の完成度が飛躍的に高まるというメリットがあります。

何より、イランに核開発を中断させるためには、イランと敵対するサウジを反米・非米同盟側に確保することが絶対に必要です。

「石油の人民元決裁?……いや、米ドル決済でしょ」

中国にしてみれば、サウジもイランも一帯一路や非米・反米同盟をつくっていく上で重要な国なので、できれば両国とも仲良くしていきたいところです。

しかし、サウジは、アメリカから離れて中国に接近したとはいえ、あくまでもアメリカと中国の等距離外交(二股外交)というスタンスをとっています。中国一辺倒ではありません。そのため、中国が必要以上に近づいてくると(アメリカがどう思うかは別として)「いや、俺たちはアメリカとも仲良くするから」と突き放しています。

その姿勢がよく表れていたのが、2022年12月の習近平のサウジ訪問です。

同月7日から10日にかけて、習近平は国賓としてサウジを訪問し、サウジの肝入りで開催された第1回中国・アラブ諸国サミットと第1回中国・GGC（湾岸諸国協力会議）サミットに出席。また、サルマン国王と会談して両国間の「包括的戦略パートナーシップ協定」に署名するとともに、皇太子のMBSと12件の2国間協定・覚書の締結に立ち会いました。主な内容は、サウジの「ビジョン2030」という大規模開発計画と中国の一帯一路との協調計画、両国間の民事・商業・司法支援に関する協定、直接投資の奨励、中国語教育への協力などです。

アメリカから離れたサウジを中国側に取り込んだということで、中国国内の官制メディアは習近平のサウジ訪問を「中国外交の歴史的大勝利だ！」と絶賛しました。

しかし、実は中国はいちばん欲しかったものを手に入れることができていません。

「石油の人民元決裁」です。

サウジは中国にとっての最大の石油供給国であり、中国はサウジ

サウード・アル＝ファイサル

にとっての最大の貿易相手国です。両国は経済的に非常に強く結びついています。

中国としては、ここで石油の米ドル決裁の牙城を切り崩し、人民元を国際的な基軸通貨に昇格させたいと考えていました。しかし、今回の合意事項に「石油取引の人民元決裁」は含まれていません。MBSは中国の最大の要求を完全に無視したというわけです。それどころか、9日にはサウジのファイサル外相が「サウジはどちらかの側につくことはせず、米中を含むすべての経済大国と協力する」との考えを強調し、中国に冷や水を浴びせています。

「イランのライバル」と言うのもおこがましいサウジの実力

近年、世界の国々をアメリカ寄りの「ブルーチーム」、中国・ロシア寄りの「レッドチーム」に分類する言説をよく見かけますが、それで言うとサウジは、まだそれほど赤が濃いわけもなく、まだ青が少し残っている「赤紫チーム」くらいだと思います。もっとも、アメリカは赤が少しでも混じると「レッドチーム」認定するのですが……。

前述の通り、サウジは、2022年10月にアメリカの石油増産要求を蹴り飛ばし、むしろ減産するというバイデン政権をナメきった行動に出ています。しかし、イランの脅威がある以上、完全にアメリカと離れるわけにもいきません。なので、アメリカに揺さぶりをかける意味でも中国に接近し、アメリカ・中国のどちらの味方でもいられるスタンスをとってきました。それが同年12月の習近平のサウジ訪問で強化されたことは確かです。

習近平のサウジ訪問は「アメリカから離れたサウジに中国が接近した」と語られがちですが、実際は「サウジのほうから中国に接近していった」という側面が強いと思われます。コロナの影響で止まっていた中国の外交が再び動き出したタイミングで、サウジが積極的に中国を取り込もうとしました。

サウジとしては、アメリカと距離を置く以上、〝保険〟として中国を味方につける必要があります。中国を利用してアメリカに圧力をかける、というのがここ最近のサウジの戦略です。

加えて、当時はイランの核開発がペースアップしていたこともあり、サウジには「このままでは本当にイランが核武装しかねない」という危機感がありました。

12月11日、サウジのファイサル外相は、イランが使用可能な核兵器を保有するシナリオについて問われ、そのような場合には、湾岸諸国がそれぞれの安全保障強化をどう確保できるかを考えなければならないとの見解を示しました。その上で、「すべては一変する」と発言。地域の情勢は極めて危険をはらんでいると強調しています。

２０１６年以降、イランとの国交を断絶していたとはいえ、トランプ政権末期にアメリカとの関係が冷却化してからは、サウジの対イラン戦略にも変化がありました。

よくサウジは「イランのライバル」などと表現されますが、実際のところもしサウジとイランがガチンコで戦えば、まずサウジは勝てません。アメリカの後ろ盾なくしてはイランと到底戦えないのがサウジという国です。

サウジとイランは、２０１４年から続くイエメンの内戦で代理戦争をしてきました。すなわち、サウジが政権側を支援し、イランが反政府勢力のシーア派系武装組織「フーシ（アンサール・アッラー）」を支援する形で衝突を繰り返してきたわけですが、サウジは事実上、イランに大惨敗しています。

フーシがサウジの首都リヤドの重要拠点にミサイルやドローンで攻撃をバンバン仕掛けてくる一方、サウジはフーシの拠点とされている場所を空爆しているものの、敵を屈服させるような決定的な打撃を与えることができていません。

イラン製ドローン、シャヘド 136とそのエンジンの残骸（ウクライナのキーウより）

それどころか、2019年9月14日には、サウジ東部のアブカイクおよびクライスにある国営石油会社サウアラムコの石油施設2カ所が、フーシによる10機のドローン攻撃で大きな被害を出しています。

攻撃を受けたアブカイクはペルシャ湾から少し内陸に入ったところにあり、ここから、紅海に面した港町のヤンブーまでは全長約1200キロのイースト・ウェスト石油パイプラインが走っています。

同パイプラインは、たとえばイランがホルムズ海峡を封鎖するなど、ペルシャ湾で軍事的緊張が生じた際のバックアップ輸送路としても想定されているものです。

その重要なパイプラインがやすやすと攻撃され、機能不全に陥ってしまいました。しかも、それをイラン軍ではなく、イランの支援を受けた民兵組織のフーシにやられてしまった……。

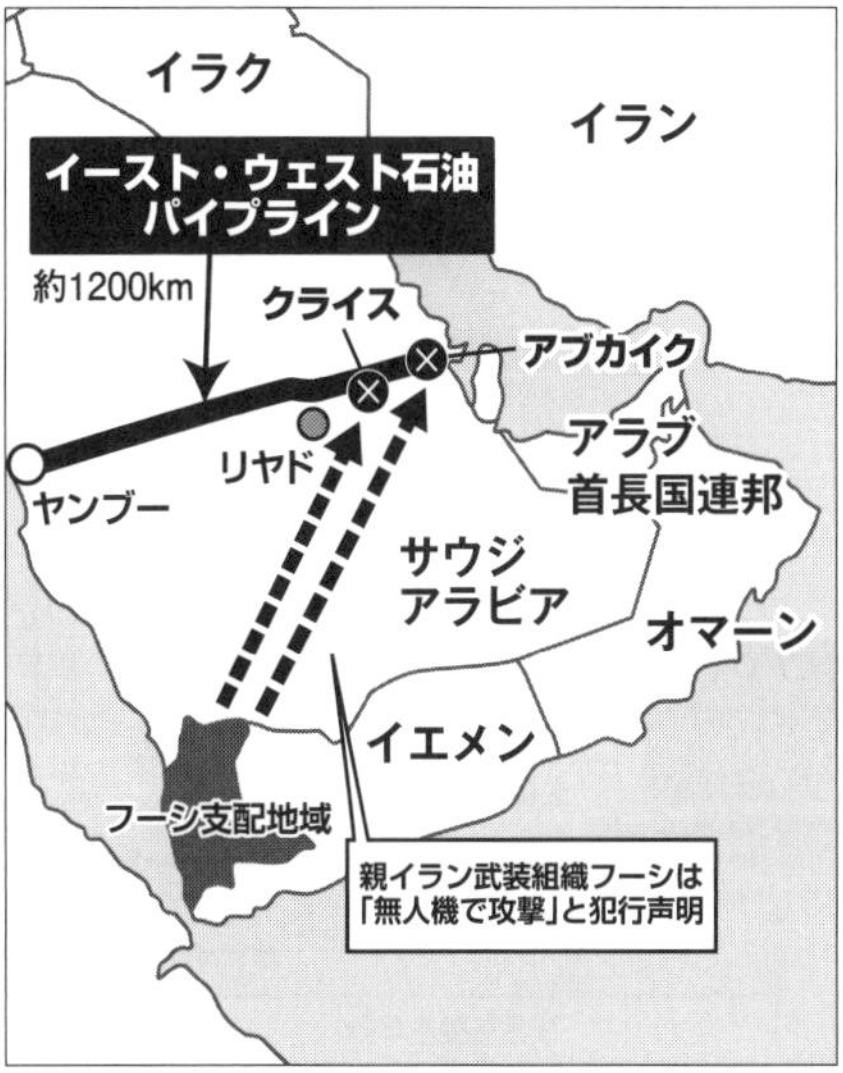

イランの支援によるフーシの攻撃

客観的に見て、サウジとイランがまともに戦争に突入したら、外国からの強力な支援がない限り、サウジはイランにはまったく歯が立たないであろうことは明白です。

とてもじゃないけれど、イランの「ライバル」や「宿敵」などと言える（言われる）立場にはありません。この事件をきっかけに、サウジは、イランの軍事的脅威と彼我の実力差を再認識せざるを得なくなります。

さらに、事件の半年後にサウジが石油の大増産でトランプ政権を激怒させて両国の関係が冷却化し始めると、もはや対イランでアメリカの後ろ盾を期待できない状況にもなりました。

この頃からサウジは、今までのようにアメリカ・イスラエル主導のイラン包囲網に関わるのは国家の生存戦略として得策ではないと考えるようになります。そこで、「厄介な相手と共存する」という方向に転換していったのです。

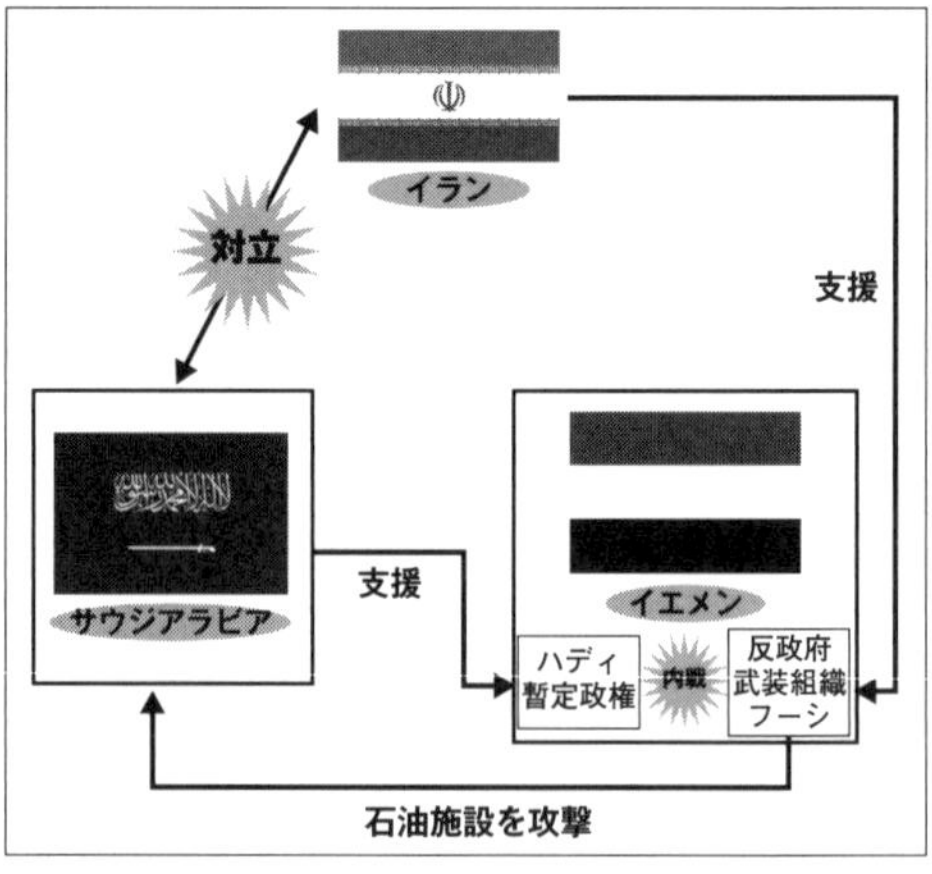

イエメン内戦におけるイランとサウジの代理戦争の構図

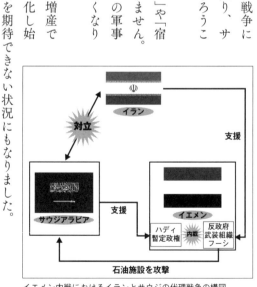

そして、バイデン政権が誕生した2021年以降、イラクの首都バグダードでサウジとイランの情報機関トップによる秘密協議を開始。実はここからイランとの国交正常化への糸口を探るようになっていきました。

2021年から2022年の時期にかけて、サウジとイランを仲介していたのはイラクとオマーンです。イラクはアラブ系の国家ですが、南部にはイランと同じシーア派住民もいるので、仲介役としては適任だといえます。オマーンも地理的にサウジとイランの中間に位置し、どちらにも偏っていない国家なので仲介には適したポジションです。

頼りにされると無碍にはできない朝貢国家の悲しき性

ここまでの話をまとめながら整理していきましょう。

サウジは、イランと戦っても絶対勝てない上に、アメリカからも見放されたので、イランとの関係改善を模索しつつ、中国を頼る必要がありました。

一方、イランもまた、経済制裁下で生き残るために一帯一路のハブを目指していたので、中国を頼る必要がありました。また、その一帯一路を安定的に機能させるためにも、サウジとの〝手打ち〟が必要だと考えていました。

両者の利害は一致している上に、頼る相手も一致しています。

それを踏まえれば、今回の国交回復は、中国が仕掛けたというよりも、イランとサウジの両国がそれぞれの事情から中国に抱きついたという側面が強いと言えるでしょう。

漢民族の朝貢外交の伝統を受け継いでいる中国からすると、他国から抱きついてこられたら無碍《むげ》にはできません。

しかも、ただの国ではなく、イランとサウジは「腐っても大国」です。特にイランは非米・反米国家の「ヒーロー」ですから、そのイランが自分を頼ってきたとなると、なおさら無碍にはできないわけです。

一方で中国には、急速にペースアップしたイランの核開発に歯止めをかけて、核拡散を防止したいという思惑があります。実際にイランの核開発が今回の国交回復でストップするかどうかはわかりませんが、これだけ世界の注目を集めている以上、イランとしても核開発の一時停止くらいはせざるを得ないと思われます。

また、中国は、サウジとイランを取り込めば、自国への石油の安定供給や、BRICSに代表される反米・非米同盟の強化、一帯一路の完成度を高められるなどのメリットもあります。

ただし、中国があのクセモノの両国を自分の思うようにコントロールできるかどうかは、また別の問題です。

ほぼ確実にサウジもイランも、素直に中国の言いなりになることはないでしょう。「ナチスドイツ」と「スターリン時代のソ連」を同時に飼いならすのは、難易度マックスの〝無理ゲー〟だと思います。

もっとも、イランに関しては、少なくとも現時点では、生き残っていく現実的な手段として中国に取り入るしかないという事情があるので、当分の間はある程度コントロールできるかもしれません。

一方、サウジは、MBSの一存ですべてが決まってしまう上に、一般的な常識がまったく通じない国です。あくまでも個人的な感想ですが、中国もあまり深入りすると大やけどを負いそうな気がします。

習近平・プーチン会談の中心は今後の中東情勢

ところで、サウジとイランが中国の仲介で国交を回復した10日後の3月20日には、習近平がロシアを訪問し、プーチンと首脳会談を行います。報道では、両首脳がウクライナ情勢を中心に話し合い、協力関係を深めたとされていましたが、私はタイミング的にも、ここで今後の中東情勢についても話し合ったのだと思います。

イランは、ロシアとも中国ともつながりが深い国です。

おそらく習近平サイドは「今回の仲介は俺がやったけど、別にかまわないよな。イランはもうほぼ俺のナワバリだけど、これからもロシアが外とつながる窓口として使っていいよ」といったことをプーチンに言ったのではないでしょうか。

また、サウジについてもおそらくこの時に話し合ったと思われます。

中国とロシアは、「レッドチーム」のナンバー1とナンバー2です。イランは実績的にも確実にレッドチームに入っているけれど、「赤紫チーム」のサウジは本当に信用できるのか。ナンバー1・2の首脳同士が話し合ったのなら、「新参者」であるサウジの〝値踏み〟をしていてもおかしくありません。

むしろ習近平は会談後、ウクライナ情勢に関して特に目新しいことを言っていないので、中東情勢を話し合う必要からプーチンに直接会いにいったのではないでしょうか。

このタイミングの会談で中東情勢についてまったく話し合っていないと考えるのは逆に不自然です。

各方面に波及するサウジ・イラン国交回復の影響

本章の最後に、イランとの国交回復後のサウジの動きについても少しだけ触れておきます。「少しだけ」と言いつつ、またもや新しい関係国・人物が出てくるため、話が長く、複雑になるのですが、それだけ世界はつながっているということなので、ご容赦ください。

さて、国交回復により、サウジには大きな変化が2つありました。

一つはシリアとの関係の改善です。

シリアと言えば、「アラブの春」（2010年から翌年にかけて中東・北アフリカで起こった一連の民主化運動）以降、今日にいたるまで内戦が続いていることで有名ですが、実はこの内戦でもサウジとイランは代理戦争をしていました。細かい経緯は割愛しますが、政権側のアサド大統領をロシア・イランなどが支援し、反体制勢力諸派をアメリカ・イギリス・フランス・イスラエル・トルコ・サウジなどが支援しているという状況でした。

アラブの春ではチュニジア、リビア、エジプトで立て続けに政権交代が起こっていたので、２０１１年3月にリビアで内戦が起きた際には「アサド政権もそれほど長くはもたないだろう」と他の国々から思われていました。

アサド政権ははじめのうちこそ、政治犯を釈放したり、戒厳令を撤廃したりと民主化要求に譲歩する姿勢を見せていましたが、それでもデモは収まりませんでした。結局、治安部隊によって力づくで反体制派を抑え込もうとしましたが、抑えきれずに暴動がますます拡大していきました。

バッシャール・ハーフィズ・アル＝アサド

本来ならお仲間であるはずのアラブ諸国も、当時のアサド政権には冷ややかな態度でした。２０１１年11月には、アラブ連盟（アラブ諸国の地域協力機構）が内戦を調停するという形でアサドに対して「反政府デモへの弾圧をやめろ」と圧力をかけ、シリアの連盟参加資格を停止しています。すでにアラブ諸国はアサド政権を見限っており、「シリアとは新しい政権ができた時にまた仲良くすればいいよね」という考えでした。

ところが、シリアの反体制派は反体制派で問題があり、アルカイダ系などさまざまな勢力が加わって複雑化したことで、なかなか一枚岩になれない状況が続いていました。

また、2014年頃からシリアでいわゆる「イスラム国」を名乗る過激派組織「ダーイシュ」(以下、IS)が台頭してくると、西側諸国は「アサド政権なんて放置していてもそのうち倒れるだろう。まずはISの勢力拡大を何とかするべきだ」と考えるようになり、対策の矛先をISに変えました。

そうこうしているうちに、アサド政権は、ロシアやイランの支援を受けて徐々に息を吹き返していきます。一時は国土の3割程度しか実効支配できていなかった状況を7割前後にまで回復させることに成功しました。

ようするに、大方の読みが外れて、アサド政権は倒れなかったわけです。

そのため、アサド政権を支持するイランと反政府勢力を支持するサウジの代理戦争も自動的に継続していました。

そこに、今回のサウジとイランの国交回復です。

イランとサウジの関係が改善したことで、シリア内戦における両国の代理戦争としての側面は収まっていきました。その結果、シリアとアラブ諸国の関係修復も急速に進み、3月にはサウジとシリアが大使館の再開を合意。5月7日にはシリアがアラブ連盟に正式に復帰することにもなりました。

もちろん内戦自体は続いていますし、アサド政権の国内での反体制派弾圧問題などもまったく解決されていません。西側諸国は相変わらず「アサド政権はケシカラン」というスタンスです。しかし、アラブ諸国側に関しては、シリアをもう一度受け入れようという姿勢に変わり、シリアとの〝手打ち〟が成立しています。

めまぐるしい展開ですが、ようはイランとサウジの国交回復の影響が各方面に波及してきているということです。

ちなみに、先に見たイエメンの内戦に関しても、サウジとイランの代理戦争としての要素はなくなっていくと思われます。

ただ、内戦の常として、〝スポンサー〟が身を引いても〝現場〟が収まるかどうかは別問題です。シンプルな地域紛争として火種がくすぶり続ける

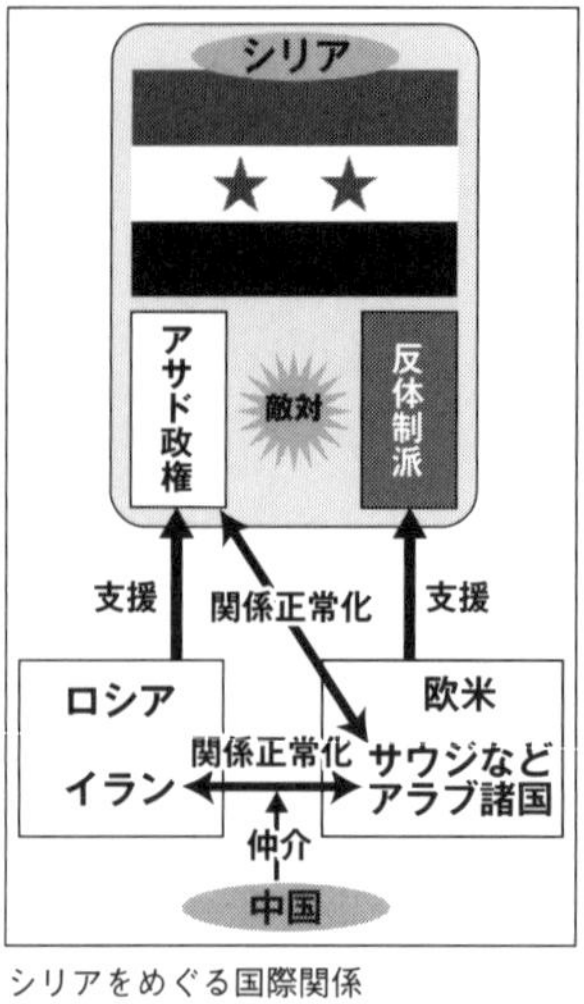

シリアをめぐる国際関係

可能性はありますが、各方面を巻き込んで戦いが展開されていくという代理戦争の形からは次第に変化していくでしょう。

過激派のスターたちが集結、まさに「反米テロリスト・サミット」がスーダンで実現！

イランとの国交回復により、サウジに起きたもう一つの大きな変化は、スーダンとの関係です。

スーダンと言えば、2023年4月15日に内戦が起こり、日本でも自衛隊による邦人保護活動が報じられて話題になったアフリカ大陸の国です。サウジとは紅海を挟んだ対岸に位置し、北はエジプト、リビアと国境を接しています。

スーダンとサウジの関係は、これまで二転三転してきました。

スーダンは1956年にイギリス・エジプトの共同統治下から独立し、翌1957年にはサウジと正式に国交を樹立しています。

その後、スーダンとサウジの関係は比較的安定していたのですが、1989年にオマル・アル＝バシールという独裁者がクーデターで政権を奪ったのをきっかけに、悪化していきました。

バシール政権で重用されたハサン・トラービーという
イスラム原理主義者がサウジのアメリカ追随路線を猛
批判したためです。

また、1991年、湾岸戦争に反対するバシール政権は、アラブ・イスラム世界におけるサウジの影響力を失わせるべく、トラービーに「人民・アラブ・イスラム会議」という会合を開催させました。同会議には反米勢力が各地から集結し、国際テロ組織「アルカイダ」の指導者ウサーマ・ビン・ラディンや、パレスチナの左翼系武装組織「パレスチナ解放人民戦線（PFLP）」の指導者ジョージ・ハバシュなどといった「過激派のスター」たちがスーダンに勢ぞろいします。ちなみに、ビン・ラディンはサウジ出身ですが、当時サウジが湾岸戦争で米軍に基地を供与したことに反対して国を追放されていました。同会議をきっかけにスーダンに活動の拠点を移しています。

スーダンと周辺国

サウジからしてみれば、紅海の対岸でこんな「反米テロリスト・サミット」とでも言うべきイベントを開かれ、「サウジはアメリカの犬だ」「サウジ許すまじ」という物騒な連中が集まってくるわけですから、たまったものではありません。当時まだサウジと仲の良かったアメリカは、１９９３年にスーダンをテロ支援国家に指定しました。

その後、トラービーはバシールと対立したことで失脚しますが、スーダンとサウジの険悪な関係はその後もしばらく続きます。

ウサーマ・ビン・ラーディン

オマル・アル＝バシール

ハサン・トラービー

ジョージ・ハバシュ ©ロイター／アフロ

イランが怖すぎてスーダンとサウジの関係が改善

局面がガラリと変わったのは、2014年でした。

何が起こったのかというと、イエメンで内戦が勃発したのです。

前述の通り、イエメンの内戦にはサウジとイランの代理戦争の側面がありました。紅海の出入口に位置するイエメンの内戦にイランが介入してくるとなると、イランがペルシャ湾だけでなく、紅海にも勢力を伸ばす可能性があります。

もちろん、イランの紅海進出はスーダンにとっても脅威です。もし仮にイランがイエメンに海軍基地を置くような事態にでもなれば、紅海の出入口がイランにふさがれることになります。

こうしてイランの脅威が現実的に目の前に迫ってきたことから、いつもの「敵の敵は味方」理論でスーダンとサウジは一気に手打ちをします。手打ちどころか、軍事協力まで結ぶようになりました。それぐらい、イランというのはサウジにとってもスーダンにとっても（というより、周辺のアラブ諸国全体にとって）脅威なわけです。

さて、ここからサウジは一転してスーダンの面倒を見るようになります。

スーダンが「サウジ君、アメリカと仲良いんでしょ？　僕の経済制裁を解除してくれるようヨロシク言っといてくれないかな」とアメリカへの口利きを頼まれると、アメリカ側に話を通し、2017年10月、約20年間続いていたスーダンへのアメリカの制裁が一部解除されました（全面解除はスーダンがテロ支援国家リスト指定から解除された2020年12月）。

また、2019年にバシール政権が崩壊すると、サウジは「これでいよいよマトモな政権ができるぞ」と期待し、暫定政権を積極的に支持しました。

スーダンは大量の外債を抱えている破綻国家です。IMF（国際通貨基金）からも相当の資金を借りていたのですが、サウジは2021年にその返済用資金としてスーダンに2000万ドルを用立てています。

カネの力で言いなりにできるような政権をつくりたい？　スーダンの内戦に介入

今回のサウジとイランの国交回復は、このようにサウジとスーダンの関係が改善し、サウジがスーダンの面倒を見るようになった状況においてのことでした。

そして、国交回復から1カ月後の2023年4月15日にスーダンで内戦が勃発します。

スーダンでは2019年4月11日にバシール政権が軍事クーデターで崩壊してからも国内で混乱が続き、紆余曲折を経て、スーダン国軍と「迅速支援部隊（RSF）」という純軍事組織が国の実権をめぐり争っていました。その両者の対立がついに本格的な戦闘にまで発展し、スーダンが内戦状態に突入したというわけです。

これを受けて、サウジは内戦の調停に積極的に乗り出していきます。イランとの手打ちでペルシャ湾方面の脅威がある程度後退したことから、イランに備えるためのリソースを紅海方面に回せるようになったからです。

サウジの狙いとしては、内戦をうまく終結させて、スーダンに親サウジ政権をつくりたい――さらに言えば、カネの力で自分たちの言いなりにできるような政権をつくりたいわけです。紅海の対岸に位置するスーダンに傀儡《かいらい》政権ができれば、サウジは両岸に拠点を持てるようになり、インド洋につながる紅海の出入口を押さえることができます。これはサウジにとって大きなメリットです。

そこで、サウジは、スーダンの内戦にアメリカを巻き込みます。

近年のサウジは、相対的に中国寄りになりましたが、別にアメリカと敵対したいわけではありません（バイデン政権以降、サウジにナメられ続けているアメリカ側がどう思っているかはまた別の話ですが)。

アメリカからしても、本音ではもうサウジとはあまり関わりたくないのでしょうが、だからといってサウジがこのまま中国に取り込まれてしまうのも困ります。

サウジとしては、イランとの手打ちの時には中国を巻き込んだので、スーダンの内戦ではアメリカを巻き込むことで、米中等距離外交のバランスを取ろうとしたのでしょう。それによってアメリカとの関係を維持していこうと考えているわけです。

グダグダ展開の可能性大！スーダンの内戦の背後にも外国勢力？

2023年5月6日、紅海の港町ジッダで、アメリカとサウジの仲介による国軍とRSFの協議が行われました。これが戦闘開始以来、初めての本格的な停戦協議です。

もっとも、サウジとアメリカが乗り込んだところで、国軍とRSFが素直に言うことを聞くかどうかはまた別問題です。国軍もRSFも自分たちの勝利を確信しているので、どちらも戦闘をやめる気がありません。

サウジとアメリカも、どうやら和平への道が険しそうだとわかると、短期的でもいいからとりあえず停戦を実現する方向に切り替えました。ようするに、目標のハードルを下げ、とにかく〝実績〟をつくろうというわけです。実際、このときの停戦協議により、人道支援や外国人避難が進展したのも事実です。

ただ、今後もサウジの思惑通りにいくかどうかは、微妙なところです。

スーダンはもともとエジプトの強い影響下にある国なので、当然エジプトからすると、サウジがスーダンに乗り込んでくるのは面白くありません。紅海の北側の出入口のスエズ運河を押さえているエジプトからすれば、スーダンにサウジの傀儡政権ができて、南側の出入口をサウジに押さえられるのも困ります。

現在国際的にスーダン政府として認められているのは国軍側であり、エジプトは国軍を支援しています。

一方、RSFはUAEを後ろ盾にしているという話もあります。

それが事実ならば、スーダンの内戦は、エジプトとUAEの代理戦争です。

仮に代理戦争だとすると、サウジが国軍とRSFの背後にいるエジプトやUAE（あるいはその他の勢力）にまで話を通して、停戦までもっていくのは、かなり難しいように思えます。

ＵＡＥはサウジと明確に敵対しているわけではありませんが、対イランでサウジが頼りにならないからイスラエルと手打ちをしたという過去があります。また、サウジとイランの国交回復直前には、「ＵＡＥがＯＰＥＣ脱退を検討している」という報道も出たくらいですから、ＵＡＥも本音のところでは今回のサウジとイランの手打ちをかなり脅威に感じているはずです。もしＵＡＥがＲＳＦを支援しているなら、今後サウジをゆさぶる材料としてスーダンの内戦を利用してくる可能性は十分にあるでしょう。

そもそも、途上国の内戦や紛争の常として、それぞれの勢力が外国に取り入り、もらえるものだけもらって戦いを続けるというパターンがよくあります。

国軍もＲＳＦも、とりあえず停戦を〝エサ〟にして、アメリカやサウジからカネやモノを手に入れながら、どちらも一切戦闘をやめない（やめる気がない）、というグダグダな展開になる可能性が大いにあります。

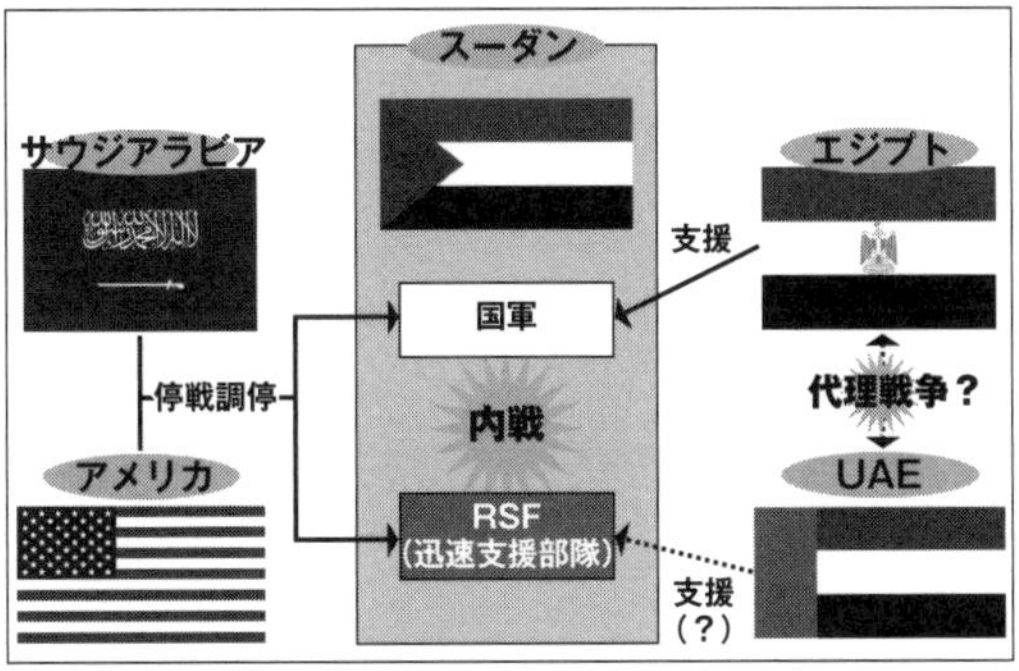

スーダン内戦をめぐる国際関係

そのため、サウジがアメリカを巻き込んで調停に乗り込んできたところで、実際に停戦までたどり着けるかは非常に不透明です。

これからサウジは「アラブの盟主」を目指す？

イランとの国交回復後のサウジの動きを見るに、もしかすると現在サウジが狙っているのは「アラブの盟主」の座なのかもしれません。

すなわち、これまでのようなハリボテ（形だけ、名目だけ）の「アラブの盟主」ではなく、ちゃんと実質がともなった「アラブの盟主」を目指しているのではないかということです。

ヨーロッパが各国の枠組みを超えて「EUのことはEUで決める」というスタンスでいるように、アラブにも各国の枠組みを超えた「アラブ世界」というものがあります。

かつてエジプトのナセル大統領、サダト大統領は、アラブ世界において圧倒的な影響力を持つカリスマ的指導者でした。当時のエジプトはまさに「アラブの盟主」と呼ぶにふさわしい存在でしたが、1978年にサダトがイスラエルと和平したことから、アラブ世界の人々に「裏切者」とののしられ、その地位を失いました（サダトは1981年に和平反対派により暗殺）。

のちにイラクのサダム・フセイン大統領がその後釜に座ろうとしてイランと戦争をしましたが、結果的にアラブの盟主になれないまま終わり、今日にいたるまでその座は空席になっています。

おそらく、現在その空席を狙い、「アラブ世界」の主導権を握りたいと考えている一人がサウジのMBSです。

だからこそサウジは、スーダンの内戦に積極的に介入し、アラブ人同士の戦いを調停して「アラブの盟主」としての〝実績〟をつくりたいのだと思います。

もっとも、あの問題だらけのサウジに、それができるだけの能力と（アラブ世界での）人望があるかどうかは、かなり疑問ではありますが……。

第2章

取扱注意！今日も世界を動かす「陰謀論」

陰謀論にダマされるな！

日々世界で起こっている出来事を理解するには、当然それぞれの国や地域に関する歴史や国際情勢に関する知識が不可欠です。しかし、そうした知識を得る際に、みなさんに気をつけてほしいものがあります。

それは「陰謀論」です。

ユダヤ、フリーメイソン、イルミナティ、国際金融資本、ＣＩＡなど〝主語〟は論者によっていろいろですが、特定の組織や集団がものすごい力を持っていて、彼らが意のままに陰で世界を操っている。だからマスコミが報道しているような表向きの情報だけでは永遠に〝真実〟にはたどり着けないのだ……という類の例のアレです。

確かにマスコミの報道に誤りや問題があることは否定できません。また、陰謀や秘密工作が世界のいたるところに存在しているのも事実です。

しかし、しっかりした根拠もなく何でもかんでも「〇〇の陰謀だ。〇〇が裏で糸を引いているに違いない。本当の悪は〇〇だ」と主張するのは、ただの「レッテル貼り」になってしまいます。

そういう類の陰謀論は、歴史的・社会的事実を踏まえた〝常識〟で考えるとあり得ないものがほとんどです。当然そんなものを通じて世界情勢を理解しようとすれば、トンデモない方向に導かれてしまいます。

ユダヤやフリーメイソンが「陰謀」に関わっているのは当たり前!?

陰謀論の2大巨頭と言えば、やはり「ユダヤ」と「フリーメイソン」です。フリーメイソンをユダヤ（教）の組織（秘密結社）だと思っている人も多いようですが、後述するようにそれは大きな間違いです。

俗に言う「ユダヤ陰謀論」は、ユダヤ人が世界征服を企んでいるとするもので、近代以前のキリスト教世界での反ユダヤ主義にその源流がありますが、現在のような形でのユダヤ陰謀論の原型になったのは1903年にロシアの新聞に掲載（連載）された『シオン賢者の議定書』です。

のちに単行本として発行される同書は、帝政ロシアの秘密警察が、皇帝に対する民衆の不満をそらすためにつくった「偽書」で、内容についてもまったく根拠のない捏造であることがわかりました。しかし、アドルフ・ヒトラーはこれを「偽書かも知れないが、内容は本当だ」と擁護し、反ユダヤ主義のプロパガンダに利用したのです。

たとえ〝フェイク〟でもいったん定着してしまった「ユダヤ＝世界征服を企む人たち」のイメージを払拭するのはなかなか容易ではありません。

いわゆる「陰謀」と呼ばれるような政治工作や秘密工作に関わってきた人たちのなかには、当然、ユダヤ系の人たちが含まれていますし、彼らのさまざまなコネクションが社会的に大きな影響を与えていることは、当たり前の歴史的事実です。世界中で当たり前のように行われている政治工作・秘密工作にはいろいろな形があるので、当然そのなかにはユダヤ系の人たちも一定の割合で関わっています。

しかし、だからと言って「ユダヤ人全員が一枚岩で結束して世界支配を企んでいる」「世界を裏で操っている」ということにはなりません。そこまで飛躍すると、まったく根拠のない話になってしまいます。

フリーメイソンに関しても同様です。フリーメイソンはアメリカを中心に全世界に600万人の会員がいると言われている巨大組織です。当然そのなかには、いわゆる政治的・経済的な実力者・有力者がいます。彼らが政治工作・秘密工作に関わっているというケースももちろんあるでしょうし、場合によってはフリーメイソン同士の人間関係で結びついてそれらの工作をすることもおそらくあるでしょう。

しかし、それはあくまでも個人レベルの話です。「フリーメイソンが〝組織〟として秘密裏に世界情勢に何かしら影響を与えるような活動をしている」という証拠は存在しません。少なくとも現時点でそれを証明することはできないわけです。

フリーメイソンは「秘密のある結社」

では、そもそもフリーメイソンとはどのような集団なのでしょうか。

フリーメイソンは世界最古で最大の友愛組織と言われ、ある年代までは完全に秘密的な組織、アンダーグラウンドの組織でした。

そうした一面があるので、実はいつ創設されたかについては明確なことはわかっていません。1390年頃には存在していたという説もありますが、あまり支持は得られていません。ただ16世紀にはスコットランドにその前身となる団体があったことが確認されています。一般的には1717年6月14日にイギリスでグランドロッジ・オブ・イングランド（GLE）が設立されたことをもって起源とされています。

組織としては18世紀頃にできたということになりますが、やはり初期の段階ではあまり明らかにされない組織だったので、不明な部分がたくさんあるわけです。

もともとフリーメイソンは石工《いしく》組合の組織だったとされています。石工というのは石大工、つまり石を加工する職人さんのことです。ヨーロッパの建築は石が基本ですから、建設現場で建物を造る人だけではなく、設計士・建築家もこの仲間に含まれます。ようするに、建築関係を司る職業団体の人たちのことです。

彼らの仕事、すなわち建築や町づくりなどのインフラ整備は政治と密接に結びついていました。また、何より高度な技術が求められます。技術のなかでも、たとえば建築のデザインはまさに知的財産権の塊みたいなものですから、しっかりと保護しなければいけません。

中世ヨーロッパの都市では職業ごとにギルド（商工業者による独占的・排他的な同業者組合）がつくられました。

石工の場合、肉屋や服屋などの一般的な職業のギルドと違い、外に技術を漏らさないことが

ロンドンにあるグランドロッジ・オブ・イングランド（GLE）

より重要になります。当然、技術の伝承についてもそれを外部に漏らさないよう、厳しい掟が設けられていました。ようするに、その「秘密」の名残がフリーメイソンの「秘密結社」のイメージにも受け継がれているわけです。

ちなみに、今もフリーメイソンのシンボルマークとして使われている直角定規とコンパスの組み合わせは石工職人の道具であり、建築を象徴しています。これも石工組合がルーツにあることの名残です。

フリーメイソンのシンボルマークとして使われている直角定規とコンパス

フリーメイソンは組織のあり方も商工業者組合の制度を受け継いでいるため、現在でもEntered Apprentice（徒弟）・Fellow Craft（職人）・Master Mason（親方・棟梁）と呼ばれる階級があります。マスターの下にフェローがいて、その下に見習いのアプレンティスがいるという序列です。また、集会の時にはもともと石工の作業着だったエプロンを着て活動しています。なので、フリーメイソンは「秘密結社」というよりも、石工の職業組合だったルーツを踏まえて言うと「秘密のある結社」と表現したほうが実態に近いでしょう。

ギルドの時代には知的財産権がしっかりと守られていたわけではなかったので、自分たちの特殊な技術を「秘密」にしてしっかりと守っていかないといけません。もともとはそのための組織だったというわけです。

フリーメイソンは宗教を越えて自由や平等を唱える〝危険思想団体〟!?

近代に入ると石工組合としてのフリーメイソンは衰えていきますが、一方で石工職人とは関係のない、貴族や知識人などの人々もどんどん入ってくるようになりました。これが「思弁的(思索的)メイソン」と呼ばれる人々ですが、彼らによってフリーメイソンはそのネットワークを活かした友愛団体へと変わっていきます。その結果、1717年に設立されたのが前述のイングランドのグランドロッジです。

ところが、石工の職業団体から友愛団体に変わったことで新しい問題も出てきます。

今でもそうですが、当時からフリーメイソンの人々は自由・平等・友愛・寛容・人道の5つを基本理念として掲げていました。しかも、この理念のもとに宗教の枠を越えて活動しようという組織だったのです。

現代人、特に私たち日本人からすると「いったいそれの何が問題なの？」と思われるかもしれませんが、近代以前（フランス革命以前）のヨーロッパで「宗教の枠を越える」というのはかなりアグレッシブな発想でした。もっとはっきり言ってしまえば「危険思想」です。

当時のヨーロッパは、カトリックもプロテスタントも町に出れば殴り合いの喧嘩をするという〝血で血を洗う争い〟を日常的に繰り広げていました。

そんな社会状況のなかで、お互いの身分を伏せて、技術や知識を共有し、自由や平等のためにお互いに情報交換しましょう、という発想でつくられたのが友愛団体としてのフリーメイソンです。

その後、「会員であればお互いに助け合おう」という考えから互助組織として国際的に発展。パリ、プラハ、ウィーンなどヨーロッパ各地にローカル組織のロッジ（支部）が置かれるようになりました。どこかの会員であれば、ヨーロッパの他の地域に出かけて行っても会員同士の援助が受けられるというわけです。たとえば仕事などで国外に行った際には、現地の会員が地元の宿を手配してあげたり、地元の職人を紹介してあげたりしていました。

ところが、先ほども述べましたが、宗教の枠を超えて活動する、すなわち特定の宗教を持たずに理性・自由・平等などといった思想を掲げて活動するのは、フランス革命以前のヨーロッパでは社会体制を変える可能性がある「トンデモない危険思想」でした。

革命以前のフランスは基本的にカトリックが社会を牛耳《ぎゅうじ》っていました。また、革命後も政教分離が広まったとはいえ、少なくとも20世紀のはじめくらいまではカトリックの影響がものすごく強かったのです。

「やっぱりアイツら怪しいぞ！」——弾圧が生んだ〝陰謀スパイラル〟

「特定の主義を持たない」「宗教の枠を超える」とは、いわゆる「宗教の平等」です。

しかし、それはある特定の宗教が優越的な地位を持っている社会においては、必然的に多数派から敵視されるようになります。誤解を恐れずに言えば、極めて保守的なムスリム（イスラム教徒）が人口の9割以上を占めているような地域で、〝（彼らから見れば）偶像崇拝〟の仏教とイスラムとの間に信仰としての優劣はないなどと主張したら、どのような反応が返ってくるか、容易に想像がつくでしょう。

フリーメイソンも教会の伝統・権威を否定する自由思想の団体だということでカトリックか

ら目の敵《かたき》にされていきました。むしろ現代の日本のような社会、つまり、右であれ左であれ、相手の異論を許さないような「極端な考えの人」が少ない社会のほうが、実はフリーメイソンの友愛活動が根付きやすい土壌だと言えます。

当時ヨーロッパの多数派がフリーメイソンの考えを危険視したのは、ある意味もっともなことです。

実際、フランス革命に影響を与えた啓蒙思想（人間の理性を尊重して宗教的・伝統的な権威などを否定する思想）は、フリーメイソンのロッジを通じて広まりました。また、革命の指導者のなかにフリーメイソンの会員がたくさんいたのも事実であり、革命を通じて政治権力を握った会員も大勢いました。

すると当然、革命で敗れた側（王族・貴族や大地主、カトリック教会など）からは、こんな声があがってきます。

「俺たちの地位が奪われたのは、フリーメイソンとかいう怪しい奴らの陰謀だ」

ナポレオンもフリーメイソンと言われる

米初代大統領　ジョージ・ワシントンをロッジの主人として描いた1870年の版画

一方、フリーメイソン側もカトリック勢力が強い地域だと、表向きに活動すると弾圧されるのでますます秘密結社的な色合いが濃くなっていきます。それがかえって陰謀論者の〝妄想〟を掻き立てることとなり、「表にできないということは、やっぱりアイツらは何かやましいことをやっているに違いない」という〝陰謀スパイラル〟に陥っていきました。

ようするに、フリーメイソン陰謀論の起源は、カトリックをはじめとする当時の社会の多数派が「革命派」だと見なしていたフリーメイソンに対する「ネガティブキャンペーン」だったのです。

啓蒙主義を代表する人物ヴォルテール

「プロビデンスの目＝フリーメイソンのシンボル」は反革命派のプロパガンダ

ところで、ピラミッド型の三角形と目を組み合わせた「プロビデンスの目」というものをご存じでしょうか。アメリカの1ドル札の裏にも書いてある有名なマークです。

よくフリーメイソンのシンボルとされ、これが描かれているとフリーメイソンの陰謀の証《あかし》だと言われもしますが、このマーク自体は実はヨーロッパのキリスト教社会のなかでは伝統的・普遍的なデザインです。

もともと三角形はキリスト教の「三位一体《さんみいったい》」（父なる神・子なるキリスト・聖霊の三者は唯一の神が三つの異なる姿で現れたものだとする教え）を表し、目は世界の摂理を見通す「神の目」を表すものとして描かれていました。それがプロビデンスの目の本来の意味です。

しかし、17世紀後半から18世紀に流行した啓蒙思想の影響を受けると、この「神の目」が「人間の目」へと変わります。人間の理性を尊重する啓蒙思想に基づき「人間の理性の力で世界の摂理を見通すのだ」という発想に変わったわけです。

そのため、次第にプロビデンスの目は、フランスの人権宣言などさまざまな啓蒙主義的なもののシンボルとして描かれるようになりました。今日で言うところの「意識高い系」の人たち

1ドル紙幣（上）の有名な「プロビデンスの目」（下）©PIXTA

が好んで使うシンボル、たとえばＳＤＧｓ（２０１５年の国連サミットで採択された、より良い世界を目指す「持続可能な開発目標」）のバッジのようなものです。

一方、やはり当時も今日と同様、「意識高い系」を毛嫌いする人たちが一定数いましたから、プロビデンスの目は「意識高い系」の人たちを攻撃するための格好の標的にもなりました。

当時「意識高い系」を毛嫌いしていた人たちとは、革命の被害者になった人たち、すなわち王族・貴族・大地主やカトリック教会などの反革命派です。彼らは「ここにプロビデンスの目があるぞ。やっぱりフリーメイソンが裏で糸を引いているんだ」と両者を結び付けて攻撃しました。

プロビデンスの目がフリーメイソンのシンボルだと見なされるようになったのも、ようする

『エマオの晩餐』（ヤコポ・ダ・ポントルモの絵画）上に「プロビデンスの目」が描かれている

『1789年の人間と市民の権利の宣言』（ジャン＝ジャック・フランソワ・ル・バルビエの絵画）上に「プロビデンスの目」が描かれている

に彼ら反革命派のプロパガンダだったというわけです。

イルミナティはすでに滅んだ啓蒙思想サークル

フリーメイソンとの関連で言うと、よくフリーメイソンとセットで名前が出てくる「イルミナティ」という組織があります。このイルミナティも陰謀論の〝常連〟です。

1775年、ドイツ・バイエルンのインゴルシュタット大学の教授であるアダム・ヴァイスハウプトという人物が「完全論者の教団」という個人的なサークルをつくりました。「完全論者」とは「理性によって人間は神の真理、世界の真理に近づくことができる。その理性を訓練した人間が集まって国を運営すればいい」というような考え方をする人のことです。

「完全論者の教団」は翌年に「die Bayerischen Illuminaten」と改称されました。それを英語にすると「the Illuminati of Bavaria」で「イルミナティ」になります。日本語だと「啓明結社」などと訳されているようです。

ヴァイスハウプトは「すべての人が王になる素質を潜在的に備えており、教皇・王侯・君主を頂点とする封建制などいらない」と主張しました。

とにかく自由と平等が絶対だ。だから、大衆をしっかりと教育して平等を重んじるユートピア社会を復活させるのだ。世界市民が共和制をやって、自由・平等な人間の自然状態を理性で再建することが我々の目的である――そのようなことをフランス革命以前のこの時代に言ったわけです。

フリーメイソンの例を見てもわかるように、当時そのような主張をすると当然弾圧されます。だから、イルミナティは1785年にバイエルンの王様によって潰されてしまいました。

しかし、その4年後にフランス革命が起こります。そうしたタイミングも相まって、当時のヨーロッパ社会では「自由・平等・博愛を唱えて王政をひっくり返し、ルイ16世とマリーアントワネットをギロチンにかけるような連中は、フリーメイソンやイルミナティのような危険思想の持ち主に違いない。アイツらが革命の黒幕だ」という陰謀論が徐々に浸透していきました。

アダム・ヴァイスハウプト

イルミナティのエンブレム「ミネルヴァのフクロウ」

陰謀論者の間ではバイエルン王にイルミナティが潰された1785年以降もイルミナティの残党が非合法活動をしていたとまことしやかに囁かれていますが、歴史的な記録としては確認されていません。だから歴史的な事実としてイルミナティという組織は1785年時点で壊滅したと理解していいわけです。

イルミナティに〝その後〟があると主張するなら、歴史的な事実として何らかの組織や人々がイルミナティの系譜を継いでいることをちゃんと証明しなければなりません。また、イルミナティを自称する団体が現存していたとしても、上記のような理由から、その団体が18世紀の団体の継承者である可能性は極めて低いと考えてよいでしょう。

結局のところ、イルミナティ陰謀論もフリーメイソンと同様、自由にものが言えない時代に内面の自由を主張した人たちが危険視され、「陰謀」のレッテルを貼られたことにルーツがあります。その「陰謀」イメージを今日までずっと引きずっているというわけです。

フランス革命、ギロチン処刑された
王妃マリー・アントワネット

陰謀論を本気で主張するのは、もはや誹謗中傷

フリーメイソンに話を戻すと、フリーメイソンとユダヤが結びつけられるのもおかしな話です。

フリーメイソン陰謀論とユダヤ陰謀論はそもそもまったくの別モノでしたが、いつしか「陰謀」というくくりで関連するものとして語られるようになりました。そして、ナチスの時代にはヒトラーがフリーメイソンをユダヤの組織と見なして弾圧したのです。

ちなみに、第二次世界大戦中にはナチス・ドイツと同盟関係にあったセルビアも、ヒトラーの「フリーメイソン＝ユダヤ」説に同調し、1941年の反フリーメイソン博覧会で反フリーメイソンを表す記念切手を発行しました。その切手には、民族服を着たセルビア人戦士がユダヤを象徴するダヴィデの星を踏みつけながら、フリーメイソンを象徴する柱を打ち破っている絵が描かれています。

反フリーメイソン博覧会は1941年10月22日から開催されたイベントで、切手の寄附金は反フリーメイソン宣伝の資金として使われました。

しかし、前述の通りフリーメイソンはそもそも宗教の枠を超えて団結しようという団体です。なので、ユダヤ（教）に限らず特定の宗教の組織とするのは明らかにおかしいわけです。

もちろんフリーメイソン会員のなかにはユダヤ教徒もいます。その人たちがフリーメイソンのネットワークを通じて政治的・社会的な活動や工作活動をしたこともおそらく過去にはあったと思います。常識的に考えればそこまでは十分にありえる話です。

しかし、仮にそのような事実があったとしても、それは〝組織〟としてフリーメイソンが陰謀を企てていたことにはなりません。ましてやフリーメイソンをユダヤの組織だとする根拠にもなりません。

繰り返しになりますが、結局のところ啓蒙思想を危険視したことから生まれた「陰謀」イメージをその後もずっと再生産してきたのが今日のフリーメイソン（およびイルミナティ）陰謀論の正体だと言えます。

こうした陰謀論を娯楽的な〝お話〟として面白がる分にはまだ愛嬌があっていいと思います。しかし、もう組織が潰れてしまったイルミナティはともかく、フリーメイソンやユダヤは今もたくさんの人が関わっているわけです。彼らが陰謀を企てていると本気で主張するなら、しっかりとその根拠を示さなければなりません。当たり前ですが、立証責任は主張する側にあります。根拠もなく陰謀を叫ぶのは大変失礼な行為であり、単なる誹謗《ひぼう》中傷です。

プーチンは〝光の戦士〟（笑）。陰謀論者の脳内で繰り広げられる〝光〟と〝闇〟の戦い

さて、ここまで見てきたユダヤ、フリーメイソン、イルミナティは陰謀論界隈では伝統的な〝古参〟メンバーなのですが、近年ここに新たな「闇の勢力」が加わりました。それが「ディープステート」です。

おそらく本書を手に取られる方には細かい説明は不要だと思いますが、念のために整理しておくと、ディープステート（略称ＤＳ）はアメリカの政財界に巣食う権力者・有力者たちの秘密のネットワークで、国境なき「ひとつの世界（ワンワールド）」を目指すグローバリストであり、世界各国の国民・民族から独自の価値観や自立性をなくそうと企んでいる。この世界のありとあらゆる事件や紛争、秘密工作に裏で関わっており、あらゆる手を使って世界を征服しようとしている——のだそうです。

ディープステート系の陰謀論は有名なＱアノンをはじめ、いろいろな人たちが色とりどりのストーリーを展開

米上下両院合同会議 トランプ支持者が議会突入で中断
©PA Images ／アフロ

しているので、ひとつにまとめるのは難しいのですが、よく聞く話として、ディープステートの正体は、ユダヤ系の大富豪（国際金融資本家）だと言われています（その意味ではディープステート陰謀論は古典的なユダヤ陰謀論の焼き直しとも言えます）。あるいは、そこに悪魔崇拝者、小児性愛者、レプティリアン（ヒト型爬虫類の異星人）という要素が加わるパターンもあります。

まあ、ディープステートの定義など、あってないようなモノなので、細かく定義しようとするのも無意味でしょう。

ただ、ほぼ唯一共通しているのは、そのディープステートの「不倶戴天の敵」としてトランプ前米国大統領（とプーチン露大統領）が「光の戦士」に位置づけられている点です。以下は、彼らの「物語」を私なりにまとめたものです。

Qアノンの旗。中央に配置された「Q」のロゴマークを取り囲むように「Where we go one, we go all（我々は一致団結して進んでいく）」とスローガンが書かれている

　トランプが２０１６年に大統領になったことで、ついにディープステートの存在と悪巧《わるだく》みが表に出てきた。トランプ自身も、トランプ政権の高官たちも、たびたびディープステー

トの存在を公言してきたじゃないか。

２０１７年10月5日、トランプは軍幹部らとの会合後、ホワイトハウスに集まった記者らの前で「嵐の前の静けさ」という言葉を発した。あれは来るべき「嵐の日」に、トランプ政権と米軍の有志たちが力を合わせてディープステートという巨悪を倒し、世界を救うという密かなメッセージだったのだ。

しかし、ディープステート側はその後、ありとあらゆる不正を行って、「光の戦士」トランプを大統領の座から引きずり下ろし、自分たちの傀儡であるバイデン政権を誕生させた。

バイデン政権は、トランプと一緒にディープステートと戦ってきたもう一人の「光の戦士」プーチン大統領を挑発し、ウクライナ戦争に引きずり込んだ。そして、プーチンが「世界の敵」になるよう世界中のメディアを操って国際世論を誘導したのだ。

だが、我らがトランプはいつの日か必ず復活する。そして、今度こそディープステートの野望を打ち砕いてくれる——。


恐ろしいことに、彼らは本気でこの「物語」を「真実」として信じているのです。

Qアノン系陰謀論の巧みなところは、自分たちから一方的に「真実」を発信するのではなく、ネットなどを通じて人々に自分で調べさせて、「真実」を知った気にさせる仕組みになっているところです。新興宗教のように信者を囲い込んで洗脳するようなことはしません。ネットで調べれば自分でその「真実」にたどり着けるという環境のなかで「見込み客」が自らその世界観のなかに飛び込んでいくわけです。

「調べればわかります」

これは「見込み客」から「信者」に〝昇格〟した人たちの口癖ですが、彼らは基本的に「自分が信じたいこと」しか調べようとはしません。自分の世界観と矛盾するような情報はすべてシャットアウトするか、信じている陰謀論とマッチするように都合よく捻じ曲げて理解します。

何度も同じようなことを繰り返して申し訳ないのですが、アメリカほどの巨大国家なら、いろいろな勢力がそれぞれの政策を自分たちの有利になるよう、陰に陽に、あの手この手を使って誘導することなど日常茶飯事です。

だから、私もアメリカの政財界の権力者・有力者が日々さまざまな陰謀をめぐらしていること自体を否定するつもりは毛頭ありません。

「陰謀」自体は確実に存在します。

各所で陰謀論を否定し続けているのでよく誤解されるのですが、私は「陰謀なんて存在しない」とは一言も言っていません。

世界中でさまざまな陰謀や秘密工作が行われているのは事実であり、時にはユダヤ系や国際金融資本家（余談ですが、三菱ＵＦＪ銀行や三井住友銀行だって、立派な国際金融資本です）に分類される人たちがそうした陰謀を主導・加担することも当然あるでしょう。外国勢力が関わっていることも当然あります。

ただし、陰謀論者が言うように、ディープステート、フリーメイソン、イルミナティといったそれぞれの勢力が世界中のあらゆる事件や秘密工作に網羅的に関与してすべてをコントロールしている、という状況はあり得ないと主張しているだけです。

「世界の秘密を知るのは危険だ。だからなかなか表には出てこないんだよ」

陰謀論にハマった人たちはそういう類のセリフを得意気によく口にしますが、私に言わせれば、「世界の秘密を知っている」と思い込んでいる人たちのほうがよっぽど危険です。

ディープステート陰謀論。〝ガチ勢〟によるクーデター未遂事件

本章の最後に、「一線を超えたアブナイ陰謀論者たち」が起こしたトンデモない事件を紹介したいと思います。

2022年12月7日、政府転覆を図って連邦議会議事堂の襲撃を企てた疑いがあるとして、ドイツ国内11州で極右勢力の25人が逮捕されました。彼らはQアノン系の陰謀論（ディープステート陰謀論）を信奉している「ライスビュルガー」というグループでした。逮捕された主犯格2名のうちの1人は、「ハインリヒ13世」を名乗る貴族の家系の男で、年齢はなんと71歳。陰謀論にハマってしまったおじいちゃんが本気でクーデターを起こそうとしたのです。

当初、このクーデター未遂事件を知ったドイツの人々は「ああ、なるほど。人の好い貴族のおじいちゃんがアブナイ陰謀論者たちに神輿《みこし》に担がれたんだな」と思っていたのですが、そういうわけではありませんでした。このおじいちゃん、Qアノン系陰謀論の〝ガチ勢〟だったのです。ガッツリとディープステートの存在を信じ、「ディープステートに支配されている現在のドイツ政府」を転覆して新しい政権を樹立するつもりでいました。

まずハインリヒ13世のバックグラウンドから見ていきましょう。

ハインリヒ13世の出自はロイス家というドイツの貴族です。ドイツの貴族としてのランクは中級くらい、日本の江戸時代で言うところの2~3万石の大名くらいのイメージでしょうか。

ロイス家の始祖は、「カノッサの屈辱」で有名な神聖ローマ皇帝ハインリヒ4世(1050~1106)によってゲーラとヴァイダ(ともに現ドイツ中央部テューリンゲン州)の城代(遠隔地にある皇帝の城の代官)に任命された、ハインリヒ・フォン・グライスベルク(1120年頃没)という騎士です。

1564年、ロイス家は長男、次男、三男の3系統に分かれたのですが、次男の系統が1616に断絶。その遺領は長男系統の兄系ロイス家と三男系統の弟系ロイス家で平等に分割相続されました。

その後、兄系・弟系ともに地方君主としての地位を維持したままナポレオンの時代を過ごし、1871年にドイツ帝国(第二帝国)

ハインリヒ13世

標的のひとつとなったドイツ連邦議会議事堂

が成立すると、その構成国として、1918年のドイツ革命でドイツ諸侯が廃止されるまでドイツ中央部のテューリンゲン地方の一部を支配しました。

ただ、1918年の時点で、兄系のロイス＝グライツ侯のハインリヒ24世は重度の障害により統治不能となっていたため、弟系のロイス＝ゲーラ侯のハインリヒ27世が両侯国を統治しています。

このハインリヒ27世が今回のクーデター未遂事件で逮捕されたハインリヒ13世の曾祖父にあたります。

ちなみに、ロイス家では、先祖を取り立ててくれた皇帝への恩義から、男子は全員洗礼名として「ハインリヒ（Heinrich）」を名乗るという家法があります。ただ、それでは誰が誰だかわからなくなるので、個人を特定するために「ハインリヒ○世」という序数が付けられることになりました。とはいえ、この方式では、世代を重ねるごとに男子の数が増

現在のテューリンゲン州とドイツの主な州

えると、あっと言う間に100世や200世という大きな数字に到達してしまいます。そこで、ロイス家では、ある特定のタイミングでまた1世からカウントし直す「リセット」ルールを設けて、この問題に対応してきました。現在の弟系ロイス家では世紀をまたぐごとに1世に戻すというルールが確立されています。今回クーデター未遂事件を起こしたハインリヒ13世よりも曾祖父のハインリヒ27世の数字のほうが大きいのはそのためです。

ロイス＝ゲーラ侯のハインリヒ27世

ロイス＝グライツ侯のハインリヒ24世

ソ連に財産を没収される

ロイス家は革命後、地方君主としての身分を失いましたが、弟系のハインリヒ27世が新政府と協定を結んで、居城や庭園、図書館、貨幣鋳造所、武器貯蔵庫、森林などの財産を保障してもらい、当時の評価で総額3400万ライヒスマルク（今の日本円に換算すると3000億円ほど）という莫大な資産を賠償金のような形で確保することに成功しました。

そして、1927年に兄系のハインリヒ24世が亡くなると、兄系ロイス家の男系は断絶。その資産は弟系が受け継ぎ、ロイス家は1564年以来、363年ぶりに統合されることになります。

こうしてロイス家全体の家長として「ロイス侯」を名乗るようになったハインリヒ27世ですが、早くも翌1928年に亡くなってしまい、息子のハインリヒ45世がロイス家の家督を相続することになりました。

しかし、1945年、ハインリヒ45世はソ連占領軍に拉致されて消息不明となり、1948年、その資産はソ連占領当局によってすべて接収されてしまいます。

ハインリヒ45世には継嗣《けいし》がなかったため、生前、ロイス＝ケストリッツ家（1692年にロイス＝シュライツ家から分かれた分家で、ロイス家の諸家のなかで

ロイス＝ゲーラ侯世子ハインリヒ45世

存続する唯一の系統）分枝のハインリヒ1世（ハインリヒ13世の父）を養子とし、さらに、自分の姪ヴォイツラヴァ・フェオドラ・ツー・メクレンブルクと結婚させることで家督を維持しようと考えていました。

しかし、1945年の時点で、自分に万一のことがあった時は、ロイス＝ケストリッツ家の当主ハインリヒ4世を「ロイス侯」の後継者とするよう遺言していたため、ロイス家の家督はハインリヒ4世が継承。ハインリヒ4世が2012年に亡くなると、長男のハインリヒ14世が当主の地位を継承し、現在にいたっています。

「トランプがドイツ第二帝国を復活させてくれる」というナゾ理論

さて、私たち日本人からするとあまり馴染みのないヨーロッパの貴族（しかも名前が同じでややこしい上に家の枝分かれも多い）の話が続いたので、退屈に思われた方もいるかと思いますが、ようするにハインリヒ13世には「世が世なら俺は〝殿様〟だったのに」という意識が少なからずあったと思われます。そして、おそらくそれがディープステート陰謀論を受け入れる

〝下地〟にもなったのでしょう。

実はハインリヒ13世は不動産運用で成功し、巨額の資産も持っていました。バイエルン州ザールドルフ＝ズルハイムにあるネオ・ゴシック様式の山荘は、ドイツ政府転覆を主張する過激派集団「ライヒスビュルガー」の拠点の一つになっていたとされています。また、ハインリヒ13世の所有する不動産の一つには、ロンドンを拠点にライヒスビュルガーの資金調達のために資産運用を行っていた複数の会社が入っていたそうです（今回、警察が強制捜査に踏み切りました）。

ライヒスビュルガーは米国のQアノンとの結びつきが特に顕著な過激派集団の一つで、2016年には警察官殺害事件を起こしています。ドイツ政府の推計では、現在、2万1000人の信奉者がいるとされ、そのうちの5％が「極右」認定されています。ちなみに、「ライヒスビュルガー」は「帝国の市民」という意味です。

彼らは「第二次世界大戦後のドイツに成立した〝共和国〟は主権国家ではなく、連合国によってつくられた法人である」とし、「ディープステートによって支配されている現在のドイツ政府」を打倒して、1871年に成立したドイツ第二帝国を復活させることを主張しています。2020年の米国大統領選挙の前後では、Qアノンの陰謀論と結びつき、「トランプが軍勢を率いてドイツ帝国を復興させてくれる」と主張していました。

常識的に考えれば「トランプがドイツ帝国を復興させる？　しかも軍勢を率いて？……なぜ？」なのですが、彼らは〝ガチ〟でそれを信じていたのです。

2020年米国大統領選挙の際に流れた「（ディープステート側の）CIAがフランクフルトで運営しているサーバファーム（サーバが設置された施設）に（トランプ側の）米軍特殊部隊が奇襲作戦を仕掛けて銃撃戦が繰り広げられた」という荒唐無稽なデマが一時期ネット上を賑わし、一部のジャーナリストや作家がそうした内容のツイートを盛んに行っていました。

日本国内で愚かなツイートを繰り返してきた人たちは、もともと情報リテラシーの能力が極めて低いか、あるいは老化に伴う知力や認識力の衰えなどの事情があったのかもしれませんが、トランプとドイツ帝国復興という組み合わせは、ライヒスビュルガーのようなディープステート論者の一部にとってはすんなりとつながってしまう土壌があったわけです。

「変人集団」から「テロ組織」へ

実はハインリヒ13世は、2019年にチューリヒで行われたワールド・ウェブ・フォーラムのイベントで15分間の基調講演を行い、ドイツの共和制を批難し、かつての君主制を賛美するなどしたため、当時から危険人物視されていました。2022年7月には、ロイス家のスポークスマンとなっている現当主ハインリヒ14世がハインリヒ13世について「錯乱した老人で、誤った陰謀論に取り憑かれてしまっている」とのコメントを発表しています。ロイス家として、ハインリヒ13世と距離を置く姿勢を当時から明らかにしていたのです。ロイス家自体はまともな人たちの集まりであり、おかしいのはハインリヒ13世だけだということがこの一件からもよくわかります（ロイス家の名誉のためにも強調したいところです）。

ドイツ検察は、ハインリヒ13世がライヒスビュルガーの首謀者の一人で、イデオロギーと資金の面で特に重要な役割を果たしていたと見ています。今回の逮捕に関しても、彼が「既存のドイツの国家秩序を転覆し、彼ら自身の主張する新国家を樹立しようとするテロリスト集団を組織」し、一部のメンバーは武装して連邦議会を襲撃することを計画していたとしています。

事件発覚のきっかけは、2022年4月、ライヒスビュルガーの一派で「愛国者連合」と名乗るグループが、カール・ラウターバッハ保健相の誘拐を計画するとともに、ドイツの民主主義を終わらせるために〝内戦状態〟をつくり出そうとした未遂事件が摘発されたことにありました。つまり、この事件以降、ライヒスビュルガーの一派に対する当局の認識が「陰謀論に染まった変人集団」から「本気で政府転覆を企んでいる危険なテロ組織」へと変わり、厳しい監視が続けられていたというわけです。

元連邦議会議員や特殊部隊の軍事もクーデター計画に参加

クーデター計画には、右派政党「ドイツのための選択肢（AfD）」の元連邦議会議員ビルギット・マルザック＝ヴィンケマンも参加しており、「ハインリヒ政府」ができた際には司法相になる予定だったようです。また、逮捕者の中には、裁判官や弁護士のほか、特殊部隊出身者を含む現役軍人や元軍人という人たちもいて、クーデター計画の重要な部分を占めていたとされています。

さらに、ハインリヒ13世とともにもう一人の首謀者として逮捕された「リュディガー・フォン・P」という人物は、ドイツ北部で警察官を仲間に取り込もうとしていたほか、中部ヘッセンや南部バーデン・ヴュルテンベルク、南部バイエルンの陸軍基地や兵舎を、新政府の施設として使うために視察していました。彼は政府転覆後に組織する新しい軍隊のトップに立つ計画だったそうです。

ハインリヒ13世は、国家転覆に成功したあかつきには、自身が新政権の首班となり、「新秩序」について交渉することを前提に、ロシア当局者とも接触していたとも言われています。もっとも、ベルリンのロシア大使館は、ハインリヒ13世並びにライヒスビュルガーとの関係を完全に否定していますが……。少なくとも、ハインリヒ13世のほうからは、ともにディープステートという「巨悪」と戦う同志――「光の戦士」プーチン率いるロシアと〝お近づき〟になりたかったのだと思われます。

ビルギット・マルザック＝ヴィンケマン

もはや「たかが陰謀論」では済まされない

いかがだったでしょうか。

私たち一般人からすると荒唐無稽に思える〝妄想〟でも、彼らにとっては〝真実〟です。

そして、それは自分たちの命や人生をかけるに足る〝真実〟なのかもしれません。

この手の陰謀論は、放置しておくと社会にどんどん広まっていきます。

私が2021年に『誰もが知りたいQアノンの正体 みんな大好き陰謀論II』（ビジネス社）という本を書いた時点では、ライヒスビュルガーは「切り分けの難しい別の団体」と合わせて1万9000人でした。しかし、今回の2022年の事件では、ドイツ政府の推計によると、ライヒスビュルガーだけで2万1000人。確実に〝信者〟が増えていることがわかります。

当然、信者が増えると実際に〝行動〟を起こす人たちが出てくる確率も高まります。

さらに、陰謀論者は基本的に既存の体制に対して否定的な立場を取っていますから、彼らを利用しようとする外国勢力にからめとられる危険性が極めて高いことも指摘しておかねばなりますまい。

たとえば、2020〜2022年の世界的なコロナ禍では、反ワクチンの偽情報や陰謀論がネットを通じて拡散しましたが、ネット情報の解析から、西側世界で流布していた陰謀論を煽り、拡散する投稿がロシアから多数発信されていたことが確認されています。

いわゆる〝保守〟に分類される人たちは、自分たちの社会の伝統的な文化や習慣を大切にしたいという思いが強いのですが、そのことは、外的な要因によって自分たちの文化や習慣が侵食されることに反発することと表裏一体の関係にあります。そして、その反発の度合いが強まれば、単なる反グローバリズムにとどまらず、排外主義、それも暴力を伴う過激なものへとエスカレートしかねません。

そして、過激思想に走った人たちに、まことしやかな陰謀論を吹き込むことによって、〝グローバリズムに侵された〟既存の秩序や体制に対する反感から嫌悪、そして憎悪へと煽っていく。それにより、敵対する国の世論を分裂させ、同盟関係にひびを入れることができれば、陰謀論を拡散させた国家にとっては大きな利得があるのです。

実際、ロシアは欧州諸国で〝極右〟とされている政党、いずれも、基本的には反ＥＵ、反移民、反グローバリズムで既存の政府には否定的な立場を取っているわけですが、そうした政治勢力を支援してきました。

たとえば、ウクライナ戦争の起きる前ですが、２０１９年5月、オーストリアで世界最年少の首相として話題になったセバスチャン・クルツがわずか一年半で辞任に追い込まれる事件がありました。

クルツ率いる国民党は旧ナチス党の残党も加わる形で１９５６年に設立された〝オーストリア自由党（以下、自由党）〟の連立政権を組んでいましたが、この自由党は、欧州難民危機後の２０１７年10月に行われた国民議会（下院）選挙で「オーストリア第一」や「反難民」を訴えて第3党に躍進しました。

その3カ月前の2017年7月、自由党のシュトラッヘ党首は、スペインのリゾート地イビサ島で、ロシア新興財閥（オリガルヒ）の姪を名乗る女性に「すべての公共工事を手に入れられる」と持ち掛けて選挙の支援を依頼しました。2005年に自由党の党首となったシュトラッヘは、きわめて親ロシア傾向が強く、2016年にはプーチン大統領の与党「統一ロシア」との連携協定に署名。2017年12月の連立政権発足時には「欧州とロシアの関係改善に仲介役として力を尽くしたい」とさえ述べていました。

また、2019年5月末の欧州議会で躍進し、自由党などと同一会派を組むイタリアの極右〝同盟〟も、2017年に統一ロシアと連携協定を締結。連立政権で副首相を務めるサルヴィーニ書記長はプーチンへの〝尊敬〟を隠そうともせず、ロシアが不法に併合したウクライナのクリミア半島を訪問したこともあります。

また、フランスの右派を代表する〝国民連合〟のル・

ハインツ＝クリスティアン・シュトラッヘ

セバスチャン・クルツ

ペン党首は、2017年の仏大統領選直前にモスクワでプーチンと会談していただけでなく、国民連合が過去にチェコのロシア系銀行から900万ユーロ（約11億円）の融資を受けたことも報道されました。

もちろん、反EUや反グローバリズム自体は、一つの意見として尊重されるべきですし、政策として傾聴すべき面も少なからずあります。

しかし、反EUや反グローバリズムが高じて、ロシアに接近してロシアを利する結果を招いてしまうようなことになれば、ロシアとしても、彼らを通じて自分たちに都合の良い陰謀論を拡散して欧州の分断を図ろうとするのは当然のことです。

マリーヌ・ル・ペン

マッテオ・サルヴィーニ

陰謀論のなかには、たとえば、ジョン・F・ケネディ暗殺事件を題材としたハリウッド映画のお話のように、「純粋な娯楽として」であれば十分に楽しめるものも少なくありません。

しかし、そこに搦《から》め捕られてしまい、冷静な判断力を失ってしまうと、ライヒスビュルガー事件のような事態を招きかねないということは十分に注意しておく必要があります。その意味で、「たかが陰謀論」と野放しにしておくのは危険だということを指摘して、本章を終えたいと思います。

第3章

日本が見習うべき〝お手本〟北欧の迷走

なぜトルコはスウェーデンのNATO加盟に反対しているのか？

2022年2月のロシアのウクライナ侵攻後、日本でも大きく注目された出来事の一つが、同年5月にスウェーデンとフィンランドがNATOへの加盟を申請したという話題です。日本のメディアでは「これまで長年にわたり中立政策をとってきた北欧2カ国が、ロシアの脅威を受けて方針を大きく転換した」などと報じられていました。

一方、これに難色を示したのが、NATO加盟国のトルコです。NATOへの加盟承認は加盟国の全会一致が原則なので、トルコが反対すれば両国はNATOに入ることができません。

その後、フィンランドはトルコの承認を得て、2023年4月4日、正式にNATOに加盟することができました。

しかし、スウェーデンに関しては、本書を執筆している2023年6月現在においてもトルコの承認を得られていません。

なぜそこまで頑なにトルコは反対しているのでしょうか。

ちなみに、ロシアにエネルギーの多くを依存している親露国のハンガリーもスウェーデンのNATO加盟に反対しています（フィンランドの加盟にも当初は反対していました）が、別にトルコはロシアのために反対しているわけではありません。

ただ、ひとつ言えることは、この一件でトルコはほぼ「ひとり勝ち」と言っていいほど大きな〝外交的利益〟を手に入れたということです。

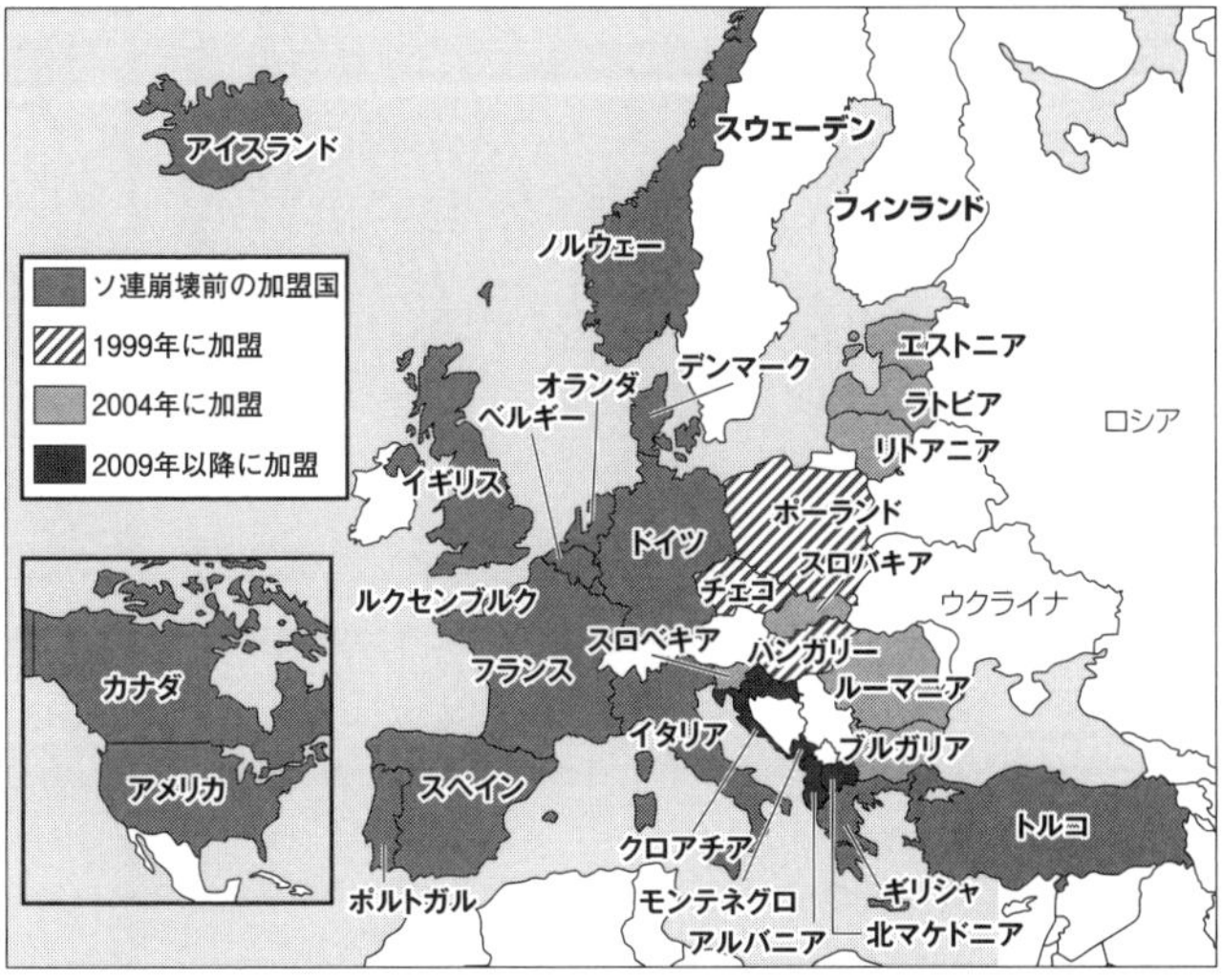

NATO 加盟国の変遷

トルコが抱えるクルド人問題

そもそもトルコが北欧２カ国の加盟に難色を示していた理由は、大きく２つあります。

一つは、あくまでもトルコ側から見てですが、両国（特にスウェーデン）がクルド人のテロリスト（とトルコ側が認定している人々）を匿っていること。もう一つは、２０１９年にトルコが内戦中のシリアのクルド人地域に越境攻撃したことに対し、両国が「非人道的だ」とトルコを非難し、武器禁輸等の制裁を行ったことです。「この２つが納得できないから、両国のＮＡＴＯ加盟は認められない」というのがトルコ側の言い分でした。

つまり、どちらもクルド人絡みの話です。

ご存じの方も多いと思いますが、トルコは国内にいわゆるクルド人問題を抱えています。

クルド人は、トルコ、イラク、イラン、シリア

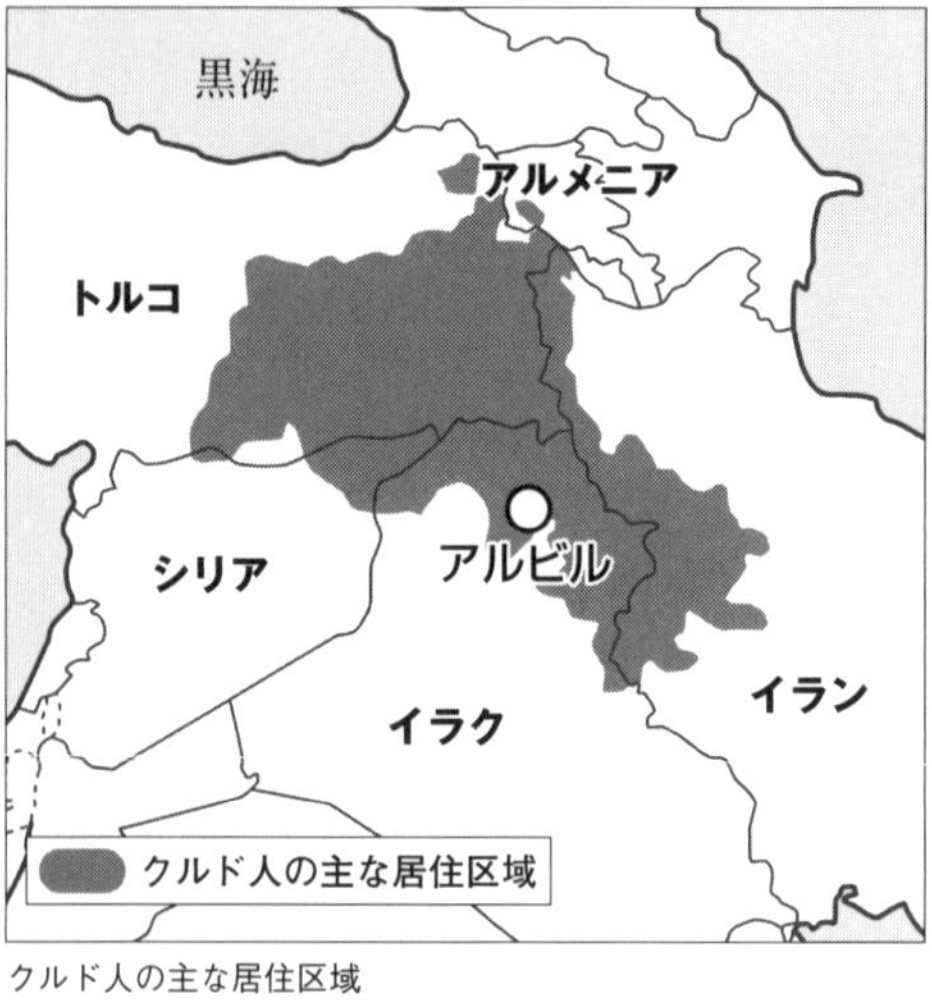

クルド人の主な居住区域

など中東世界の国々の国境付近にまたがって居住している山岳民族であり、独自の国家を持たない世界最大の民族集団だと言われています。なかでもそのクルド人が多く住んでいるのがトルコです（以下、本章ではトルコのクルド人問題限定して話を進めます）。

クルド人はこれまで自治・独立を求めてトルコ政府とたびたび武力衝突してきました。そして、それをトルコ政府が強権的に押さえつけるたびに、欧米諸国が人権弾圧・非人道的と非難する構図が今日まで繰り返されています。

ただし、クルド人と言ってもいろいろな人たちがいます。トルコ社会に溶け込んで政府と対立せずに暮らしているクルド人もいれば、自治・独立を目指してトルコ政府と対立し、実際にテロを行っている過激派のクルド人もいるため、生活ぶりも考え方も非常に幅が広いわけです。なかにはクルド人の国会議員もいます。クルド人だからといって、みんな民族一丸となって一枚岩でトルコ政府と敵対しているわけではありません。

一方、トルコ政府から反体制的と見なされたクルド人が厳しい弾圧を受けているのも事実です。欧米諸国はそこを問題視してトルコを非難してきました。

しかし、スウェーデンとフィンランドがＮＡＴＯに加盟したいという〝弱み〟を見せたことで、一気に形勢が逆転します。

バイデンも手玉にとったエルドアン

実は2022年6月28日の時点では、トルコが反対を取り下げたことで、フィンランドもスウェーデンもNATO加盟の見通しが立っていました。

というのも、北欧2カ国が、安保上の問題でトルコへの「全面支援」を約束し、（トルコ側が言うところの）クルド人のテロ組織を支援せず、クルド人活動家らの身柄引き渡し手続きも加速させると盛り込んだ覚書に調印したからです。ようするに、トルコ側の要求を北欧2カ国がそのまま受け入れる形で〝妥協〟が成立したわけです。

これを受けてアメリカのバイデン大統領も翌29日、マドリードでNATOの首脳会談に合わせてトルコのエルドアン大統領と会談し、トルコが北欧2カ国の加盟を認めて事態を収拾してくれたことに感謝の意を述べました。それだけでなく、バイデン政権のセレステ・ウォランダー国防次官補（国際安全保障問題担当）がこのタイミングで「トルコの防衛力強化はNATO全体の防衛力強化に寄与する」として、トルコが希望していたF16の新規購入と既存のF16の近代化を「全面的に支援する」と表明しています。

ちなみに、バイデンは半年前の2021年12月にアメリカ主導で「民主主義サミット」を開いた際には、トルコの人権状況が悲惨なものであることを理由に、NATOの同盟国であるトルコを招待していません。にもかかわらず、今回の北欧2カ国のNATO加盟問題では手のひら返しでエルドアンに「ありがとう」と言っています。

ようするに、トルコは、北欧2カ国のNATO加盟を政治的な駆け引きに最大限に利用して、クルド人問題で欧米から攻められていた状況を一気にひっくり返したわけです。

「スウェーデンはもっと誠意を見せろ！」

ここからさらに、トルコはスウェーデンとフィンランドを振り回します。

2022年6月28日に北欧2カ国のNATO加盟を（条件付きで）認めたかと思えば、翌7月18日には、北欧2カ国がしっかりとテロ対策の約束を守らなければ、両国のNATO加盟の「プロセスを凍結する」と表明。特にスウェーデンに対しては「良い印象を与えていない」と名指しで批判しました。

その後、フィンランドに関しては前述の通りトルコが反対を取り下げ、NATO加盟が正式に決まりましたが、スウェーデンに関しては交渉が難航しています。

最大のネックになっているのは、やはりクルド人の問題です。

ここで、トルコの主張をもう少し詳しく見ていきましょう。

対トルコ武器禁輸の制裁の対象となった2019年のシリアへの越境攻撃に関して、トルコ側は、欧米が避難しているような「クルド人を狙った非人道的な攻撃」ではなく、「我が国を脅かす武装テロ組織を狙った正当な行為」だったと主張しています。

すなわち、当時トルコ国防省は越境攻撃を「国連憲章51条に基づく自衛権の行使」だとし、攻撃対象を「テロリストと関連する軍事施設、塹壕《ざんごう》、武器、車両」に限定していると説明していました。また、エルドアン大統領も「我が党（＝公正発展党）には50人のクルド人議員がいる」として、〝クルド人〟を対象にした攻撃ではないことを強調しています。

トルコ側の言い分によると、越境攻撃でターゲットにしたのは、PYD（クルド民主統一党）というクルド人の組織でした。

PYDについて、トルコは、トルコからの分離独立を目指して武装闘争を続けるクルド人の非合法武装組織PKK（クルディスタン労働者党）の姉妹組織だと見なしています。PKKはEUからもテロ組織に認定されている過激派です。

つまり、「お前たちもテロ組織に認定しているあのPKKの姉妹組織を狙って、自分たちの身を守るために攻撃をしただけだ。別に一般の善良なクルド人を狙って攻撃したわけではない」というのがトルコ側の主張です。

また、エルドアン大統領は、北欧2カ国がNATOへの加盟申請をした直後の2022年5月16日には、スウェーデンが「テロ組織の温床」になっていると指摘し、スウェーデンにPKと結びつきが疑われるクルド系国会議員がいることや、クルド系の活動家らがスウェーデンの国会に招致されたことなどを強い口調で非難しました。

この姿勢はその後も変わらず、1年後の2023年6月時点でも「スウェーデンはまずこのテロ組織の活動を根絶する必要がある。現在の状況ではトルコは前向きなアプローチを取れない」としています（「ブルームバーグ」2023年6月14日）。

実際のところスウェーデンは、トルコの要求に応えるため、憲法を改正して新しい反テロ法（過激派組織を支援するなどした個人に最大禁錮8年、テロ組織の指導者には終身刑が科される）をつくるなど、トルコ側に歩み寄ってきました。

しかし、トルコからは「まだまだ不十分だ。もっと誠意を見せろ！」と攻められている状況が続いているわけです。

「ゼロからつくられた国民国家」で行われたクルド人への同化政策

ところで、そもそもなぜスウェーデンは、トルコに目の敵《かたき》にされるほどクルド人と深く関わっているのでしょうか。

実はそこには、トルコという国家の成り立ちも関係しています。

現在のトルコ共和国は1923年に「トルコ人の国」であることを謳って誕生した国です。今日、私たちはアナトリア半島とその対岸のイスタンブール周辺を「トルコ」として認識しています。しかし、歴史的に見ると「トルコ人（チュルク系民族）」がもともと住んでいたのは、中央アジアです（「トルクメニスタン」がそもそも「トルコ人の国」という意味）。

そこから出てきたオスマン帝国が急激に拡大し、かつてキリスト教徒が都にしていたコンスタンティノープルを占領してイスタンブールに変えました。

第一次世界大戦までのオスマン帝国は、多言語、多宗教の多民族国家で、住民には信仰の自由がかなり認められていました。住民は、まず大まかに宗教ごとに分かれ、さらに言語ごとに細かいグループに分かれてエスニック・グループを形成していました。この場合、人々は、ムスリム（イスラム教徒）やキリスト教徒など、まずは自分の属する宗教コミュニティにアイデンティティを求めます。

さらに、ムスリムに関していえば、彼らはトルコ語をはじめ各種の母語グループに分かれていただけでなく、エリート層の間では、トルコ語にアラビア語とペルシア語の語彙《ごい》や文法を取り込んだ「オスマン語」が使われていました。もちろん、オスマン語を使っていたエリート層には、いわゆるトルコ系のみならず、アラブ系やギリシャ系、スラヴ系など、民族的にはさまざまな血統の人たちがいました。

こうした状況のもとで、「トルコ人」はアナトリアのテュルク諸語を話すムスリムの人々のことを漠然と指しており、オスマン帝国が「トルコ」を自称していないにもかかわらず、ヨーロッパ人をはじめオスマン帝国の域外で生活している人々は、彼らが属しているオスマン帝国のことを"オスマントルコ"ないしは"トルコ帝国"と呼んでいました。

一方、1830年にオスマン帝国から独立したギリシャをはじめ、19世紀にはバルカン諸国でナショナリズムの昂揚により、「(彼らの認識による)トルコ人」の支配から独立する動きが盛んになりましたが、肝心のオスマン帝国の側では「トルコ人」の定義があいまいで、そのことが、国民国家を掲げる周辺諸国とオスマン帝国との領土紛争の要因となっていました。

1918年、オスマン帝国は第一次世界大戦に敗北しましたが、その時点では、アラブ地域の大半は連合国によって占領されていたものの、アナトリアの全域と東トラキア（ルメリアの一部）、北シリアのアレッポ、イラク北部のモースルは依然としてオスマン帝国が維持していました。しかし、休戦協定が発効すると連合国はオスマン帝国の領土に進駐。アナトリアはイギリス、フランス、イタリア、ギリシャによって分割占領されます。

これに対して、アナトリア各地でも分割に反対する抵抗運動が発生。このため、オスマン帝国政府は大規模な反乱の発生を抑えるためにムスタファ・ケマル（ケマル・パシャとも）を派遣しましたが、1919年5月、黒海沿岸のサムスンに上陸したケマルは、現地に駐留する帝国軍や活動家を結集して〝アナトリア・ルメリア権利擁護委員会〟を設立。同年末にはイスタンブールにおける帝国議会を事実上掌握し、翌1920年1月、帝国領のうち「トルコ人」が多数を占める地域は不可分であるとする国民誓約を採択しました。

これに対して、イギリスを中心とする連合国は同年3月、イスタンブールを占領。8月に帝国政府とセーヴル条約を締結します。この条約では、トルコ国家に残されるのはアナトリア北部の3分の2に過ぎず、アナトリア東部にはアルメニア人の国家が建設されることになっていました。

このため、権利擁護委員会はアンカラで〝大国民議会〟を開催。大国民議会はケマルを議長に選出し、オスマン帝国とは別の内閣と政府を持つレジスタンス政権が誕生します。その後、大国民議会政府はロシアのソビエト政権と連絡をとり、アルメニア軍を撃退して東部アナトリアを確保するとともに、西部戦線では、1921年にギリシャ軍を撃退。この結果、連合国はセーヴル条約を放棄し、ローザンヌであらためて大国民会議政府と講和会議を行うことになりました。

これを受けて、1922年11月1日、ケマルのアンカラ政府は、世俗の権力としてのスルタンと宗教的権威としてのカリフを分離した上で、スルタン制を廃止。これにより、オスマン帝国は滅亡し、最後の皇帝となったメフメト6世は亡命しました。そして、1923年、アンカラ政府は連合国との間にローザンヌ条約を締結し、トルコ国家の独立承認とともに関税自主権回復、治外法権撤廃など不平等な国際関係を廃止することに成功。一連の成功により、救国の英雄としての地位を確立したケマルは、同年10月29日、トルコ共和国の成立を宣言。ケマルは大統領に就任しました。

こうして、オスマン帝国が解体され、「トルコ人の国」としてトルコ共和国が発足するにあたり、新生トルコ共和国はギリシャとの住民交換協定を結びますが、その際、「トルコ人」と「ギリシャ人」の区分は宗教がベースになっていました。具体的には、アナトリアに住みトルコ語を母語（ないしは第一言語）としていても、正教会信者であれば「ギリシャ人」に、逆にギリシャ国内に住み、ギリシャ語を話していてもムスリムであれば「トルコ人」に認定され、「ギリシャ人」はギリシャへ、「トルコ人」はトルコへの移住を余儀なくされました。

こうして、アナトリアに住みトルコ語を話すムスリムの間に、「トルコ人」としてのアイデンティティが定着していくことになります。

その一方で、トルコ語を母語としないムスリム諸民族のクルド人・ザザ人・チェルケス人などのマイノリティに対しては、「トルコ人」国家のトルコ共和国は、彼らを「トルコ国民」として、強引に「トルコ人」に同化・統合しようとする構図が生まれました。

一方、クルド人からすると、トルコ語を母語としない自分たちが勝手に「トルコ人」に〝吸収〟されるのは受け入れられません。

しかし、政府は「トルコ人の国」として国民国家をつくっていく建前上、クルド人に対する同化政策（トルコ人化）を推進し、クルド人が「私はクルド人です」と民族アイデンティティを公言することに圧力をかけてきました。すなわち、クルド語の公的な場での使用が禁止され（出版や放送の禁止も含む）、クルド語の地名もトルコ語に変えられ、クルド語の本も没収され〝焚書《ふんしょ》〟されていったわけです（ピークは1980年代前半）。

このような社会では、自分がクルド人であることをあえて表明すれば、差別の対象にもなります。そのため、同化政策の推進とともに、クルド人への差別問題も出てきました。

スウェーデンがトルコからのクルド人移民・難民の〝受け皿〟に

これに対して、欧州諸国は、トルコを牽制する意図から、クルド人の民族意識を尊重し、欧州各地にクルド人コミュニティの形成を容認していきます。

1950年代以降、ヨーロッパが戦後復興から経済成長していく過程で「トルコ国民」が多数、移民労働者としてヨーロッパに渡りましたが、そのなかには、少なからずクルド人も含まれていました。彼らはトルコでは迫害されている身ですから、国外に出ようとするのも当然といえば当然です。

さらに、1970年代以降になると、自国で反体制派として活動していたような左派系の政治難民が世界各地からヨーロッパ（主に北欧）に逃れていきます。その〝受け皿〟として彼らを特に積極的に受け入れていたのが、スウェーデンです。

1950年代に移民労働者としてスウェーデンに来たクルド人は、学歴も専門技術もない人たちが大半でした。このままトルコにいても将来がないということで、とにかく我が身ひとつでヨーロッパに渡り、肉体労働に従事していたような人たちだったわけです。一方、1970年代以降にスウェーデンに来たクルド人のなかには、知識人や文化人といったインテリ層がたくさんいました。どこの国でも一般的にいえることですが、反体制派として活動して政治難民になるような人たちは基本的にインテリです。

さて、こうしてトルコからスウェーデンに住み着いたクルド人のインテリたちは、世界に向けてクルドの言語・歴史・文化についての情報発信を始めます。トルコではやりたくてもできなかったことを、スウェーデンでやり始めたわけです。また、クルド人問題について取り上げた雑誌などもこの頃から出始めました。

これにより、それまで強引に「トルコ人」にされていた（多くの西欧諸国からもそう見られていた）クルド人たちが「俺たちはトルコ人じゃない。クルド人なんだ。クルドには独自の言語や伝統、民族文化がある。クルド人としての誇りを取り戻そう」と徐々に民族意識を覚醒させていきます。さらに、1980年にトルコで国軍による軍事クーデターが起こり、膨大な数のクルド人の文化人・知識人がスウェーデンに政治亡命すると、その流れはますます加速していきました。

一方、スウェーデン側もクルド人ら移民・マイノリティを手厚く支援し、特にマイノリティの母語教育に力を入れてきました。

もともと、スウェーデンでは家庭環境的にスウェーデン語が話せない子供に関しては、母語教育を受ける権利が1985年から認められていたのですが、その場合、「母語」の範囲をどこまで認めるかということが問題になります。

このような移民の2世、3世に対する母語教育は他の西欧諸国でも一般的に見られるのですが、その多くは移民の出身国の公用語で行われています。つまり、トルコから渡ってきたクルド人に関しては「トルコ国民」という扱いで、トルコ語による母語教育が行われるケースがほとんどでした。クルド人のためにクルド語の母語教育を行ってきたのは、スウェーデン以外だとデンマークだけです。もちろん、規模でいえばスウェーデンのほうが圧倒的です。

また、スウェーデンでは、そうしたマイノリティ言語に対する支援の一環としてクルド語書籍の出版助成も行い、2000年前後にはクルド語の本が毎年40点から50点出版されるという状況になりました。また、その頃までにはクルド語の雑誌類も数百タイトル刊行されたと推定されています。

スウェーデンはNATO加盟と引き換えにクルド人をトルコに〝売った〟？

こうしてスウェーデンには、スウェーデン社会に適応したクルド人が「スウェーデン人」として大量に定着し、スウェーデンから世界に向けてクルドの情報を発信していくようになりました。すると、クルド人にとって住みやすい国になったスウェーデンにはさらにクルド系の移民（自称「難民」も含む）が到来し、ますます、スウェーデンにおけるクルド・コミュニティの存在感が増していくことになるのです。

そして、彼らが「トルコでクルド人の人権が侵害されています」と訴えると、スウェーデンの左派・リベラル系の人たちにウケる。するとますますスウェーデン国内でクルド人を支援する機運が高まる、という状況が連鎖的に続いていきます。

とはいえ、それがスウェーデン国内に留まっているうちは、トルコとの摩擦もそこまで大きくはなりませんでした。しかし、1990年代半ばから2000年頃にかけて衛星放送が登場したことで、クルド人の発信力が一気に高まり、クルド人に関する情報がさらに拡散されるようになっていきます。

それまではクルド人のインテリが雑誌などで論説を発表したところで、難解な論説を読解できないクルド人も大勢いたため、情報の拡散は限定的でした。しかし、衛星放送によって映像と音声で文字を読めない層にも情報が伝えられるようになりました。さらにその後、インターネットの発達によって、クルドの情報がますます世界に拡散されるようになっていきました。

こうしてスウェーデンはクルド人による情報発信の一大拠点になっていったわけです。

当然、トルコからすれば「スウェーデン許すまじ！」となります。だから、スウェーデンのことを「テロ組織の温床」と批判し、NATO加盟をめぐる問題で特に〝目の敵〟にしているのです。

とはいえ、これまではいくらトルコ側がスウェーデンでのクルド人の活動を何とかしたいと思っても、せいぜい抗議するくらいしかできませんでした。

しかし、ウクライナ侵攻後、スウェーデンがNATOに入りたいと言ってきたことを受けて、エルドアン大統領は容赦なくその〝弱み〟につけ込みます。

その〝成果〟が、前述の2022年6月28日にスウェーデン（およびフィンランド）とトルコの間で合意した、スウェーデン国内のクルド人過激派をトルコに引き渡すという約束です。

当然ながら、この合意を受けてスウェーデン国内のクルド人社会は大パニックになりました。

「過激派に認定されて、身柄をトルコに引き渡されたらどうしよう」とみんなが恐れおののいたわけです。同日、スウェーデンのクルド系無所属国会議員アミネ・カカバベ氏は「政府はNATO加盟のためにすべてを売り渡した。悲劇の日だ」とスウェーデンの方針転換を批判しています。

前述の通り、過去にはクルド人だけでなく、世界各国から政治難民がスウェーデンを目指して逃れてきました。それだけスウェーデン社会にリベラルな空気（政治難民にとっての安心・安全）があったからです。今回、スウェーデンがNATO加盟と引き換えにクルド人を「売り渡した」ことは、国内の左派・リベラル系勢力からすると明らかに〝裏切り行為〟であり、今後さまざまな形で国家にとっての〝火種〟になる可能性があります。

日本の左派・リベラル系の人たちはよく「日本はもっと北欧を見習うべきだ」と口にしますが、このクルド人の一件に関してはどう考えているのでしょうか。

北欧に限らずヨーロッパの国々は、自分たちが窮地に追いやられると、「人権」だろうと「環境」だろうと、自分たちの身を守るためにあっさりと切り捨てます。

「もっと北欧を見習え」ということであれば、確かに、そんな彼らの政治的・外交的な〝強《したた》かさ〟こそ、日本はもっと見習うべきでしょう。

フィンランドが〝中立〟を貫いてきた事情

続いては、無事にNATO加盟を果たしたフィンランドについて見ていきましょう。

フィンランドもクルド人ら政治難民の受け入れについてはスウェーデンと似たような道を歩んできた歴史があるのですが、スウェーデンのようにクルド人の一大活動拠点になっていたわけではなかったため、トルコからNATO加盟の〝お許し〟をいただけました。

そもそも、なぜフィンランドはこれまで中立政策をとってNATOに入ろうとしなかったのでしょうか。

それを理解するために、まずはフィンランドという国の成り立ちについて見ていきましょう。

もともと、フィンランドの地は、1796～1815年のナポレオン戦争後から1917年のロシア革命にいたるまで、ロシアの支配下にありました（それ以前にはスウェーデンに支配されていた時代もあります）。そして、ロシア革命でロシア帝国が崩壊したことを受けて、1917年12月6日、フィンランド議会は独立を宣言します。

発足後間もないボリシェヴィキ政権（ソビエト・ロシア。のちのソ連。1922年にソ連成立）は、いわゆる「民族自決」の方針からフィンランドの独立を認めたものの、独立後のフィンランドは食料不足や失業の蔓延など不安定な情勢が続いていました。そのため、1918年1月12日、議会は強い権限を持つ警察を組織することを決議し、同15日に元ロシア帝国軍将校カール・グスタフ・マンネルハイムを司令官とする「白衛軍」を組織します。このマンネルハイムは「フィンランド最大の英雄」と称されている人物です。

一方、レーニン率いるボリシェヴィキ政権は、独立を承認したばかりのフィンランドにさっそく手を出し始めます。すなわち、ロシア革命の影響を受けたフィンランド国内の小作農や労働者ら反政府的な左翼勢力を支援し、国軍の「白衛軍」に対抗する形で「赤衛軍」を組織させたのです。

ここからフィンランド国内では、白衛軍と赤衛軍による内戦が始まります。

同年1月26日、赤衛軍は革命の声明を発すると、翌27日の深夜から28日未明にかけて白衛軍と戦闘を開始。当初はボリシェヴィキ政権の支援を受けた赤衛軍が首都ヘルシンキを占領して戦いを有利に進めました。

そこで、マンネルハイムは「敵の敵は味方」理論でドイツに支援を求めます。

カール・グスタフ・マンネルハイム

ドイツ軍が内戦に介入したことで戦況は逆転し、4月13日には、白衛軍がヘルシンキを奪還。翌5月5日、赤衛軍はロシアへ逃亡し、内戦は白衛軍の勝利に終わりました。

ちなみに、この内戦をきっかけにフィンランドでは、白衛軍を中心とするドイツ式軍隊が組織されています。それが現在のフィンランド国防軍のルーツです。

裏切られたナチス・ドイツとも手を組まざるを得ない苦境

その後、ドイツが第一次世界大戦で負けると、フィンランドはスウェーデンやノルウェーとともに中立政策をとるようになります。ただ、過去に軍事面で支援を受けたドイツとの交流は続いていたため、国防軍はナチス・ドイツに対してもわりと親和的でした。

これに対して、ソ連は、ドイツがフィンランドを拠点にして自国を攻撃してくるのではないかと警戒を高めていきます。1939年春には、フィンランド湾北沿岸への基地貸与を要求するなど、フィンランドに高圧的な態度をとり続けたのです。

1939年8月24日、ドイツとソ連の間で独ソ不可侵条約が結ばれると、その付属秘密議定書で両国間の勢力圏の分割が行われ、フィンランドやバルト三国、東欧はソ連の勢力範囲とされました。これはドイツがフィンランドを見捨て、ソ連に「好きにしていいよ」と伝えたようなものです。

これを受けて、第二次世界大戦勃発直後の同年11月末、ソ連はフィンランドへの侵攻を開始します。世に言う「ソ連・フィンランド戦争（芬ソ戦争）」です。

ソ・フィン（芬ソ）戦争は第一次の「冬戦争」と第二次の「継続戦争」に分けられます。冬戦争は、フィンランドがマンネルハイムをリーダーにして、ゲリラ戦術等を駆使しながら大国ソ連に対して粘り強く抵抗しました。しかし、ソ連との兵力差は如何ともしがたく、1940年3月13日に結ばれたモスクワ講和条約では、フィンランドにとって経済的にも重要な南東部カレリア地方などをソ連に割譲することになりました。

その後、フィンランドは、ソ連に対抗するため、かつて裏切られたナチス・ドイツと手を結ぶことを選択し、1941年6月の独ソ戦の開始とともに、ソ連に宣戦布告して継続戦争に突入していきます。これによりフィンランドも枢軸国の一員となりました。

しかし、肝心のドイツが劣勢になっていったため、ドイツと心中する気のないフィンランドは、1944年9月にソ連と休戦協定を結び、今度はドイツに対して宣戦布告。1945年4

月には、国内のドイツ軍を完全撤退させました。

こうした経緯から、戦後のフィンランドは、ソ連（ロシア）に対して気を遣いながら外交をしていく必要に迫られました。その一方で、自国の共産主義化を防ぐためにも、ソ連に対する宥和《ゆうわ》的な中立政策をとらざるを得なくなったのです。

苦肉の策の「フィンランド化」

1948年4月6日、フィンランドとソ連の間で芬ソ条約（芬ソ友好協力相互援助条約）が結ばれました。

同条約は、前文でフィンランドの中立に対する願望を確認した上で、第1条では、フィンランドもしくはフィンランド経由でソ連が侵略を受けた場合、フィンランドは、必要ならばソ連の援助を受けて軍事的に抵抗する義務を負うと規定しています。また、第2条では、そうした軍事侵略の脅威が生じた場合の両国間の協議を規定しています。

ようするに、フィンランドとソ連は事実上の同盟関係になったわけです。

当初、ソ連は、同条約にも彼らが東欧諸国と結んだ相互援助条約並みの内容を要求し、フィンランドの傀儡《かいらい》国家化を目論んでいました。しかし、そこはさすがにフィンランドも受け入れられなかったため、前文の段階で、あくまでも「中立」であるという立場をソ連側に認めさせることに成功しています。

ただし、その代償として、フィンランドではこれ以降、反ソ・反露言動が事実上禁止され、親ソ路線がことあるごとにアピールされるようになりました。このように、形式的には自由主義陣営に属しながら、実際はソ連の極めて強い影響下にあり、ソ連に従属する対外政策をとらざるを得ない状況を表した言葉が、いわゆる「フィンランド化」です。ちなみに、「フィンランド化」は冷戦終結後に死語になったと言われていましたが、最近では、中国に対する文脈で復活しています（たとえば「カンボジアやラオスは、事実上中国に対して〝フィンランド化〟している」という使われ方をしています）。

ロシアとEUの狭間で

その後、1991年末にソ連が崩壊すると芬ソ条約も自動的に無効になり、後継国のロシアとの間で改めて1992年1月にフィンランド・ロシア友好条約（芬露条約）が結ばれることになりました。

同条約は、①国連憲章と全欧安全保障協力会議（CSCE）最終文書の原則を基礎に、両締約国に対する第三国の侵略に相互の領土を使わせないことを謳った政治条約、②環境保護や原子力発電所の安全確保、文化交流などの協力を約した経済条約、③フィンランドに近いロシア領のカレリア、ムルマンスク、サンクトペテルブルグ地方とフィンランドとの間の地域的協力条約で構成され、隣接する大国ロシアとの友好関係の維持を謳いつつも、芬ソ条約に比べるとはるかに高い自律性を確保しました。

ここで重要なのは①の政治条約です。

フィンランドとロシアがお互いに不可侵であるだけではなく、「お互いの領土を使って第三国が攻めてくることはないようにしようね」と約束しています。この約束に配慮して、フィンランドはNATOに加盟してこなかったわけです。

ようするに、フィンランドがNATOに入れば、NATO加盟国とロシアがモメた際に、NATO軍がフィンランド領土を通ってロシアに攻め込む可能性があります。それは芬露条約に反することになるから参加しない、というのがこれまでのフィンランドの立場でした。

とはいえ、フィンランドも西側の一員なので、他の西側諸国とまったく足並みを揃えないわけにもいきません。1994年にはNATOの〝平和のためのパートナーシップ協定〟に加盟して平和維持活動に参加するようになり、翌1995年にはスウェーデンとともに欧州連合(EU)に加盟しています。

ウクライナ侵攻で〝中立〟の前提条件が崩壊

フィンランドとロシアは国境が1300キロも接しています。と言うことは、フィンランドがNATOに加盟すると、NATOとロシアとの国境線は一気に1300キロも延びることになるわけです。ロシア側からすると、フィンランド経由でNATO軍に攻めてこられると非常に困ります。だから、これまで芬露条約を結び、そのような事態にならないようフィンランドを〝中立化〟させる約束を交わしていました。

しかし、ロシアは、そうした国際的な約束や常識の大前提を2022年2月のウクライナ侵攻によって自ら崩してしまいます。

当然、フィンランドからすると「おいおい、話が違うぞ！　ちょっと待てよ！」となります。もはやロシアが「国際社会の常識をわきまえた国」と言えなくなってしまった以上、その「非常識な国」が自分たちとの約束を反故にして、国境を越えて攻め込んでくる可能性を無視できません。もちろん、前々からロシアに対する警戒は緩めてこなかったとはいえ、その脅威が一気に現実的なものとなったわけです。

歴史的に見ると、フィンランドも、ウクライナと同様、ロシア・ソ連にずっと蹂躙《じゅうりん》され続けてきました。前述の通り、第二次世界対戦の時にはソ連に好き勝手に攻められ、戦後も屈辱的な形でソ連・ロシアに気を遣いながら「フィンランド化」してきたわけです。そういった歴史的な経緯をもろもろ踏まえて、ロシアのウクライナ侵攻後、フィンランドは、前提条件が崩れた中立政策をやめて、NATOへの加盟を決断しました。

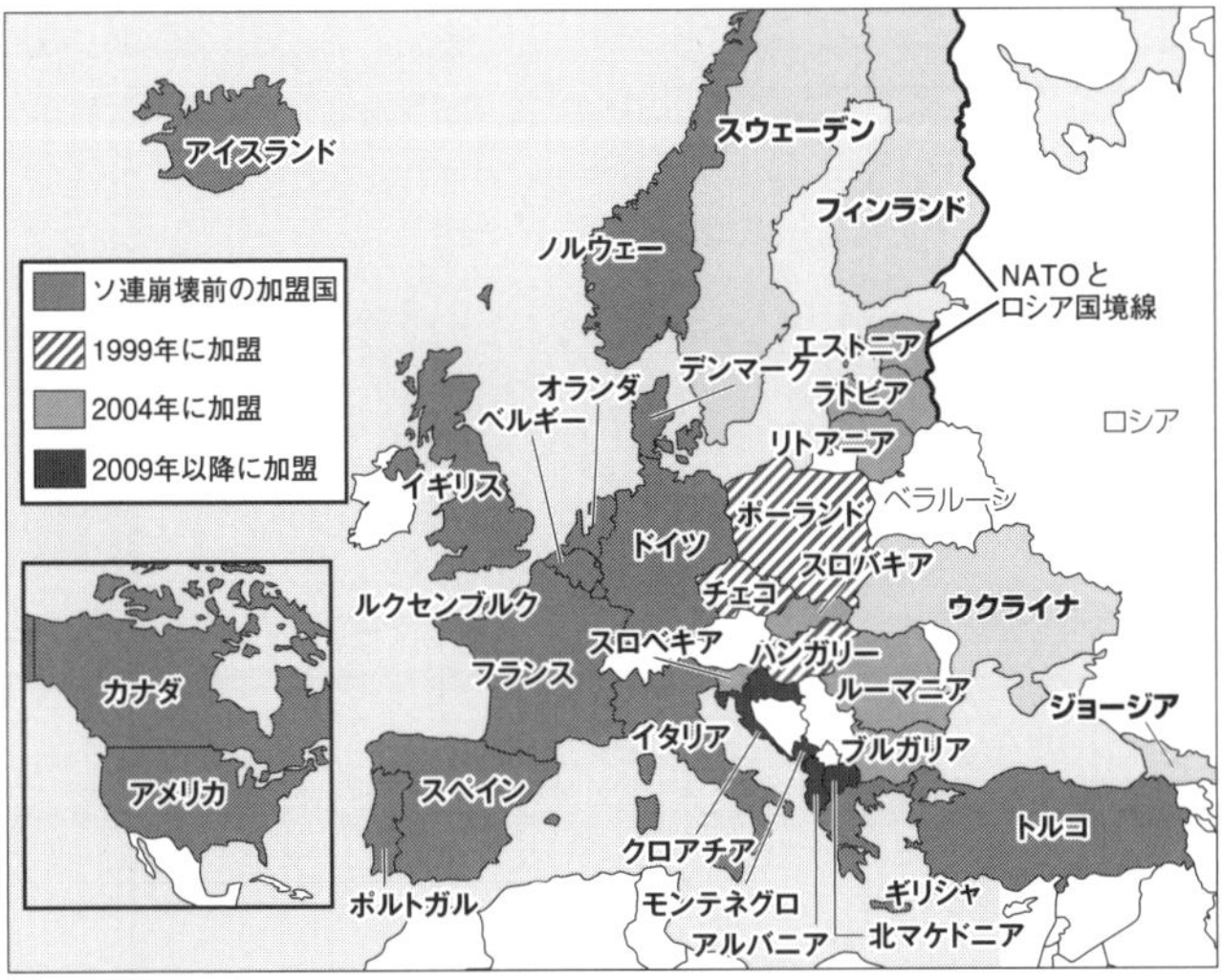

NATOに加盟したフィンランド、加盟申請中のスウェーデンに続き、ウクライナ、ジョージアも将来の加盟国に！

社会全体で徴兵制を支える

ただ、フィンランド側がNATOに入りたいと言っても、NATO側からするとはたしてフィンランドを入れるメリットがあるのでしょうか。

結論から言えば、フィンランドの加盟はNATO側にも大きなメリットがあります。

冷戦時代以降、フィンランドがソ連・ロシアに対して非常に気を遣い、同盟を結んできたとはいっても「実際のところソ連（ロシア）はいつ攻めてくるかわからない」という危機意識はフィンランド国民560万人の間で常に共有されていました。これまでの歴史から、ロシアの恐怖が骨身に沁みてわかっているわけです。そのため、冷戦が終結した後も、フィンランドは、軍事・防衛に関しては、かなり力を入れて整備していました。

フィンランドの年間軍事予算は約60億ドル。NATOが加盟国に設定したGDP比2％の目標は、ロシアのクリミア侵攻があった2014年の時にすでに達成しています。

常備軍は2万3000人。18歳以上の男性を対象とする徴兵制が採用されているので、理論上は戦時には28万人まで拡大可能です。また、定期的に訓練を受けている予備役も含めると90万人まで動員できると言われています。

徴兵の兵役期間は165日、255日、347日です。基礎的な訓練の後、各種の訓練を受けて、特別な訓練や技能を必要としない人は、いちばん短い165日、つまり約半年で兵役を終えます。特殊な任務等に志願した人については9カ月、12カ月と延長されるというわけです。

兵役の終了後には、50歳から60歳まで予備役として登録されます。予備役の人も階級によって年に40日、75日、100日の再訓練に関わる義務があります。また、すべての予備役兵は、フィンランドに対して軍事的な恫喝《どうかつ》があった時、あるいは大規模な悪性流行病が蔓延した時には、戦時体制で緊急動員されます。

さらに、議会の特定の決議があった場合、たとえば本当にロシアが攻めてきた時などは、50歳を超えた予備役に属さない男性も動員できる体制になっています。

兵役で徴兵される国民は年間約2万7000人で、女性も志願すれば兵役につくことができます。また、進学、仕事、その他個人的な理由で28歳まで兵役を遅らせることも認められています。

その他、兵役で訓練を受けている人に家族がいれば、家族に給付金が与えられます。また、労働者の権利を守るために、たとえば「兵役で会社を半年休みます」となった時には、その間、会社はその人をクビにはできません。

このようにフィンランドは、かなり兵役に力を入れて取り組んでいて、社会全体で兵役を支える仕組みが整えられています。少なくとも制度上は、ロシアがいつ攻めてきても迎え撃つ準備、すなわち「自分たちの国は自分たちで守る」ための体制ができているのです。

日本も見習うべきフィンランドの国防意識

基本的にフィンランドは、ロシアに攻め込むことよりもロシアが攻めてくることを想定しているので、特に防衛戦に備えています。すなわち、大規模戦争というよりも、ゲリラ戦の訓練に力を入れているというわけです。そのため、フィンランドは、アメリカの軍事力評価機関「グローバル・ファイヤーパワー」が発表した2023世界軍事力ランキングでは51位という数字ですが、国内でロシア軍を迎え撃つ場合には、統計データ以上に強いのではないかとも言われています。

実際、装備もなかなかあなどれません。大砲の数だけでいえば、ドイツ・フランスの合計よりも上ですし、主力級戦車も約240台保有しています。その大半はウクライナ支援で送られたものと同じタイプの戦車（ドイツ製のレオパルト2A4とレオパルト2A6）なので、いざ戦争が起こった際にも、他のNATO諸国とスムーズに装備を共有しながら連携して戦うことが可能です。

また、空軍は、米国製戦闘攻撃機F／A－18ホーネット55機で構成され、空対空ミサイル「AIM－9サイドワインダー」や空対地巡航ミサイル「AGM－158 JASSM」などアメリカの最新兵器を搭載しています。2026年からは戦闘機自体も最新鋭ステルス戦闘機「F35」に順次置き換えていく予定だそうです。

さらに、フィンランドは、北極に近いラップランド地方を以前からNATOに訓練場として提供しており、今ではヨーロッパ最大のNATOの空中訓練場となっています。今後はフィンランドの加盟により、NATOの空軍がそこからも出発可能です。

海軍に関しても、実は「グローバル・ファイヤーパワー」の2023世界海軍力ランキングで世界12位にランク付けされるほどの実力を秘めています。

フィンランドにしてみれば、NATOに入ったことで自国をバックアップしてくれる体制が整ったわけですが、NATO側にしてみても、ロシアと国境を接するフィンランドが対ロシアの最前線にいてくれるのは非常に有益であり、メリットが大きいわけです。

だからこそ、ロシアはフィンランドのNATO加盟を絶対避けたかったのですが、それがとうとう実現してしまいました。ようするに、ウクライナに侵攻したことで、ヘタを打ってしまったわけです（自業自得ですが）。

繰り返しになりますが、日本が北欧から学ぶべきなのは、社会福祉政策や移民政策よりも、むしろこうした国防や外交に関する努力だと思います。ぜひ日本の北欧好きの方々には、このフィンランドの「自分の国は自分たちで守る」という姿勢こそ「もっと日本も見習え！」と言ってほしいものです。

本当に見習っていいの？　スウェーデンの移民政策

本章の最後に、「日本ももっと北欧を見習え」という日本の北欧好きの人たちがよく引き合いに出す、スウェーデンの移民政策についても触れておきましょう。実はスウェーデンの移民政策は、2022年9月15日の総選挙で政権交代が起きたことにより、今後大きく転換していく可能性があるのです。

スウェーデンという国は、1党だけで政権をとるのが難しいため、左派・リベラル系政党と右派・保守系政党がそれぞれ連合して政権の座を争う形になっています。

選挙前に首相を務めていたのは、マグダレナ・アンデションという女性（スウェーデン初の女性首相）で、左派系連合の中心政党である社会民主労働党の党首です。

今回（2022年）の選挙では、社会民主労働党自体は、第一党の座をキープしたものの、左派連合全体の獲得議席では保守系連合に敗北します。その結果、スウェーデンでは8年ぶりに保守政権が誕生しました。

マグダレナ・アンデション

日本の報道は、NATO加盟問題を絡めてスウェーデンの総選挙を解説していましたが、NATOに加盟すること自体は、右派も左派も一致しています。だから、今回の選挙ではほとんど争点になっていません。

むしろ最大の争点になっていたのは移民対策です。すなわち、これまで推進されてきた移民政策によってもたらされた治安の悪化、特に凶悪犯罪の取り締まりが大きな議論となりました（もう一つの大きな争点は光熱費高騰対策）。

日本人からすると、スウェーデンをはじめとする北欧諸国は、世界各国から移民を大量に受け入れているイメージがあるかもしれません。

しかし、歴史的に見ると、それは20世紀以降の話です。

北欧は寒いので、それほど農業ができる地域ではありません。そのため、北欧からアメリカやオーストラリアなどへ移民として出て行く人のほうがたくさんいました。

つまり、もともとスウェーデンは「移民の受け入れ国」ではなく「移民の出発国」だったわけです。1850～1930年代にかけて、アメリカやオーストラリアなどへ約150万人がスウェーデンから移民として出て行っています。

ところが、1930年代後半から、スウェーデンの人口動態は移出超過から移入超過に転じました。

その大きな要因となったのが、ソ連とドイツの独裁政権です。

当時スウェーデンに入ってきた人々のなかには、北米などからの「出戻り組」もいましたが、ロシア革命やスターリンの大粛清を逃れたロシア難民、ナチスの迫害から逃げてきたユダヤ人や反ナチスのレジスタンス、ソ連に併合されたバルト三国の人々など「難民」としての性格が色濃い人たちが多く含まれていました。

1940年代前半だけで、実に20万人以上の人々がスウェーデンに流入しています。さらに、第二次世界大戦後に、東欧諸国が共産化されると、共産主義体制を嫌って多くの人々がスウェーデンに逃れてくるようになりました。

ようするに、まわりがトンデモない国ばっかりだったので、そこから逃れたい人たちが次々にやってきた結果、スウェーデンは移民を受け入れる側の国になったというわけです。

ちなみに、20万人という数字は、私たち日本人からすると、いまひとつイメージがわきにくいかもしれませんが、実はものすごい規模です。

スウェーデンは現在でも人口が約1000万人程度の国です。1940年当時は630万人ほどだったので、20万人は人口の約3%にあたります。単純に数字だけで今の日本に置き換えると、300万人以上の移民が一気に日本に流入するくらいのインパクトです。

一方、スウェーデン側にも積極的に移民を受け入れたい事情がありました。

というのも、スウェーデンは第二次世界大戦で経済

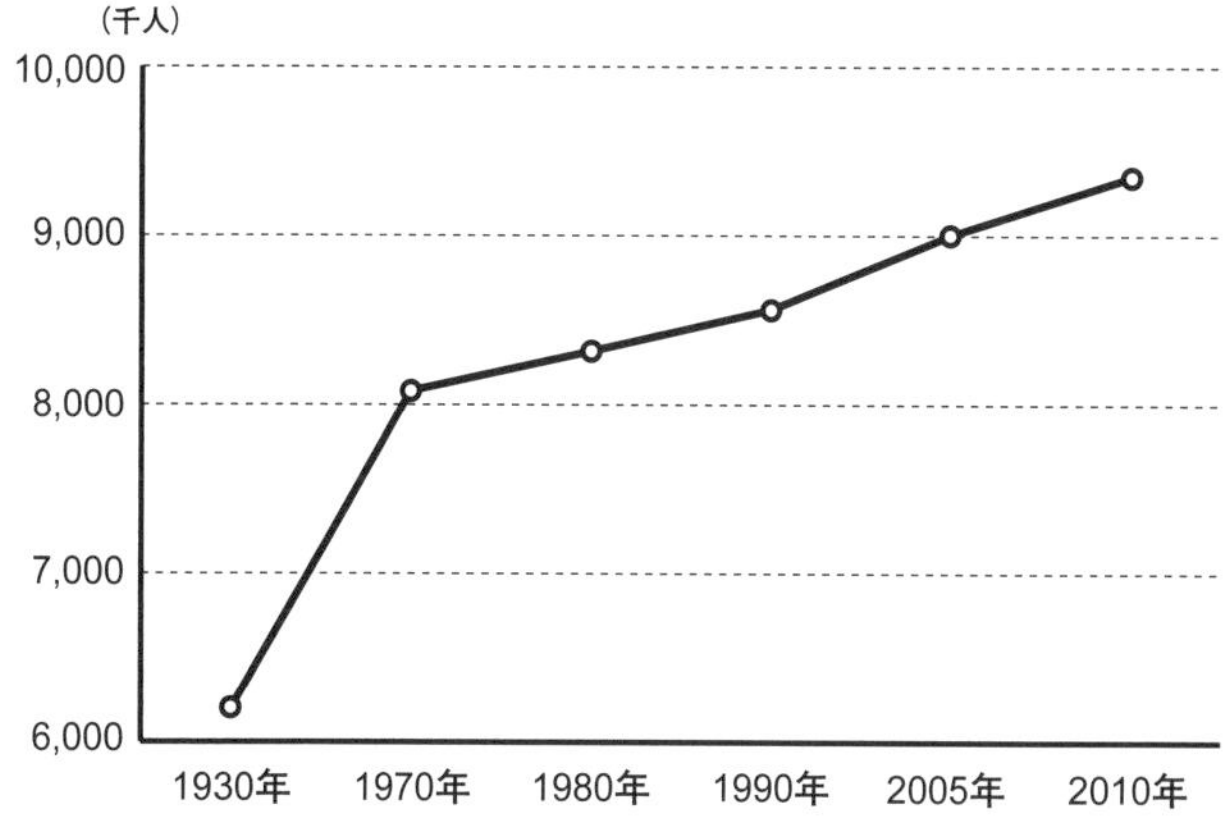

スウェーデンの人口推移：スウェーデン統計局（SCB）のデータをもとに作成

的にはほとんど無傷だったため、戦後には、荒廃した大陸諸国に復興のための資材を提供することで急激に経済成長を遂げていました。しかし、前述の通り、もともと人口の少ない国なので、経済的に成長すればするほど国内の労働力は不足してしまいます。そのため、スウェーデン側も移民労働者を積極的に受け入れる必要があったわけです。

1947年には、共産国化したハンガリー、敗戦国のイタリア、オーストリアとの間で二国間協定に基づく移民労働者の受け入れを開始します。

また、1950年代に入ると、外国人法に北欧市民特別条項を設け、フィンランドやノルウェーなど北欧諸国の市民に自国の労働市場を開放しました。

さらに、1960年代に入ると、トルコや南欧諸国から事実上ほぼフリーハンドで政府や大企業が移民労働者を受け入れ続け、1951〜1966年にスウェーデンに移住した移民は約46万人にも拡大します。この時期のトルコからの移民にクルド人が多数含まれていたことは先に述べた通りです。

1966年のスウェーデンの人口は約780万人なので、46万人は総人口の約6％ですから、この時点でスウェーデンはかなりの移民国家になっています。

スウェーデン社会に適応したガンビアからの移民たち

１９６５年以降は、アフリカ系の黒人の移民も増えていきました。

スウェーデンのアフリカ系移民の多くはガンビア出身です。

ガンビアは、西アフリカの西岸に位置し、西側の海以外の国境はすべてセネガルに接しているという特殊な形をしています。

なぜそのガンビアからの移民が多いのかというと、１９６５年、実業家のベッティル・ハーディングが独立後まもないガンビアの観光開発を開始したことをきっかけに、多くのガンビア人労働者がスウェーデンに渡るようになりました。

ちなみに、ハーディングは、当初、セネガルでのリゾート開発を目指したものの、うっかり〝道をまちがえて〟ガンビアに入り、そ

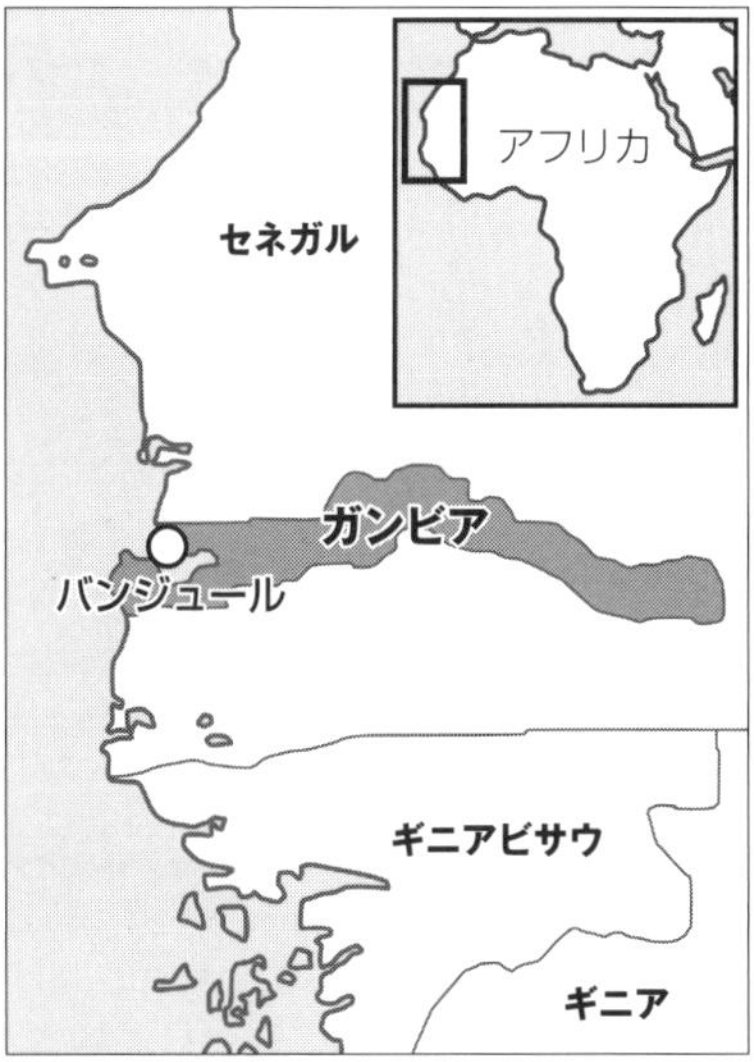

ガンビアとその周辺

の美しさに魅了されてガンビア開発に乗り出したそうです。

そうした背景もあって、現在のスウェーデンではガンビア系の人たちが社会的に一定の地位を得ています。文化・民主主義大臣やEU議員を歴任したアリス・バー・クンケや、歌手のセイナボ・セイ、作家のンダウ・ノルビーなど、社会的な成功者も少なくありません。

この時期にスウェーデンに来た移民たちは、スウェーデン語を学び、スウェーデンで仕事をして自立した生活を送り、スウェーデン社会に適応していきました。そして、なかには「スウェーデン人」として成功する人たちも出てきました。そのため、彼らの2世、3世もまたスウェーデン人としてのアイデンティティをもって、スウェーデン社会に適応しています。

「スウェーデンに行けば何とかなる」で横行したトンデモ移民・難民の不正

1970年代に入ると、スウェーデンの経済成長もさすがに鈍化し始めました。

その結果、移民労働者の組織的な受け入れも1971年のユーゴスラビアでの募集を最後に停止され、翌1972年には単純労働者の移民はいったん禁止されます。ただ、そうはいっても北欧の国らしく、政治亡命者は寛大に受け入れています。

当時のスウェーデン国内では、スウェーデン社会と移民とのバランスがそれなりにとれていました。しかし、それが冷戦の終結以降、一気に崩れてしまいます。すなわち、1989年に東西冷戦が終結し、東欧諸国の体制転換に伴う難民が発生したことに加え、1991年の湾岸戦争や各地の紛争でも難民が大量に発生すると、旧ユーゴスラビア（ボスニア）難民、ソマリア難民、ルワンダ難民、ブルンジ難民などが、当時すでに「難民の受け入れに寛容な国」というイメージができあがっていたスウェーデンに流入し始めたのです。

特に1993年には約8万人の庇護《ひご》希望者がスウェーデンに殺到したため、スウェーデン移民庁は職員を5000人に増員し、24時間体制で難民審査にあたっていました。

この頃から、労働者としてがんばって働いてスウェーデン社会に適応していこうとする外国人だけでなく、「とにかくスウェーデンに行けばなんとかなる」と考えてスウェーデンに流れてくる外国人が増えていきます。

特に問題になっていたのが〝トンデモ移民・難民〟の不正です。

どういう不正かと言うと、まずアフリカなど（特にアフリカが多かった）から何もわからない幼い子供だけを飛行機などに乗せて先にスウェーデンに送り込みます（極端な例としては、生後10カ月の乳児が一人で飛行機に乗せられていたケースもありました)。そして、その子供がスウェーデン政府の手で保護されて、スウェーデンの市民権を得た後で、「実はあの子は私の子供なんです」と〝親〟が名乗り出てきます。つまり、自分も親権を理由にスウェーデンの定住権を得ようとするわけです。

この手の不正が年間2000件にも及んだため、1994年には、スウェーデン移民庁と外国人委員会は、難民の家族呼び寄せに関する規程を一部変更します。前述のような悪質なケースに対しては、後から名乗り出た親ともども〝問答無用〟で強制退去処分にするなどの対策を講じました。

しかし、それも結局は焼け石に水でした。それほどみんな「スウェーデンに行けば何とかなる」と思っていたのです。

左派政権の行き過ぎた移民政策で犯罪が急増

一方、当時スウェーデン国内では左派・リベラル系の移民寛容勢力が強く、〝現場〟の混乱を無視して「スウェーデンは移民・難民に寛容な国であるべきだ。もっと彼らを受け入れるべきだ」などと訴えていました。

1995年1月のEU加盟時にも、スウェーデンの移民難民政策が英仏など欧州諸国の〝偏狭な〟移民政策に合わせて制限されることへの反発が少なからずあったそうです。

当時はEU加盟反対派にも、いろいろな意見があったのですが、左派・リベラル系の人たちは「EUは移民・難民の受け入れに厳しすぎる。あんな偏狭な連中とスウェーデンは一緒になるべきではない。EU諸国をもっと移民・難民に開放しろ」と滅茶苦茶なことを言っていました。

本当に困っている難民や、スウェーデンで一生懸命働いて社会に適応しようとしている移民ならともかく、単に福祉のタダ乗り目当ての外国人がこれ以上増えるのは一般国民からするとたまったものではありません。

そうした背景もあって、2006年9月の総選挙では、当時の連立与党、社会民主労働党が福祉国家路線への政策転換や年金資金の運用改革に大失敗したことから支持率が急落し、保守系の穏健党が97議席を獲得。社会民主労働党の130議席には及ばなかったものの、中道右派各党の合計では左派連合を凌駕《りょうが》し、党首のフレドリック・ラインフェルトが首相に

フレドリック・ラインフェルト

選出され、約12年ぶりに保守政権が発足しました。

ラインフェルト政権は、従来の福祉政策の一部を見直し、スウェーデン人の雇用拡大を目指して、減税や規制緩和、失業保険の削減、国営企業の民営化などに取り組みました。しかし、移民・難民の流入制限については抜本的な改革を行えないまま、2014年9月14日の議会選挙で、ステファン・ロベーン率いる社会民主労働党主導の野党3党（中道左派連合）に比較第一党の座を奪われ敗北。退陣を余儀なくされました。

ステファン・ロベーン

こうして保守派から政権を奪い返した左派政権は、再びやりたい放題やり始めます。すなわち、あらためて難民受け入れに積極的な姿勢を示し、2015年には、シリア、イラク、アフガニスタンなどの難民16万3000人の受け入れを決定したのです。

これらの地域からの難民は、識字率が極端に低く、また、イスラム原理主義的な思想の持ち主もたくさんいました。そのため、国民にはこれを不安視する人も少なくありませんでした。それに対して、ロベーンらは「強い国は（国外の問題にも）対処する」、「私の知るヨーロッパは難民を受け入れる」、「私のヨーロッパは国境に壁を建てない」などとうそぶき、「難民受け入れに否定的なヤツは差別主義者だ！」と言わんばかりの態度をとっていました。

しかし、当たり前の話ですが、スウェーデン語を習得しようとせず、スウェーデン社会の習慣・ルールになじもうとしないまま、スウェーデン政府の福祉に依存するだけの外国人が、スウェーデン社会に適応できるはずもありません。

当然の帰結として、スウェーデンでは、ドロップアウトした移民・難民とその子孫による犯罪が急増します。

ドロップアウトした親を見て「俺はこんなふうにはならないぞ！」と努力して立身出世する人もゼロではないでしょうが（おそらく限りなくゼロに近いでしょうが）、やはりドロップアウトした親から"犯罪者予備軍"が再生産されるケースのほうが圧倒的に多いわけです。

スウェーデンでは、銃による殺傷事件の発生率は、2000年頃には欧州最低レベルでしたが、積極的に難民を受け入れるようになってから急増し、イタリアや東欧を軽く追い抜いてしまいました。

現在では欧州最悪レベルになった上に、北アフリカからの移民2世を中心メンバーとしたギャング団による麻薬や銃の密輸も横行しています。

クルド系経済学者ティノ・サナンダジは著書で「長期服役者の53%、失業者の58%が外国生

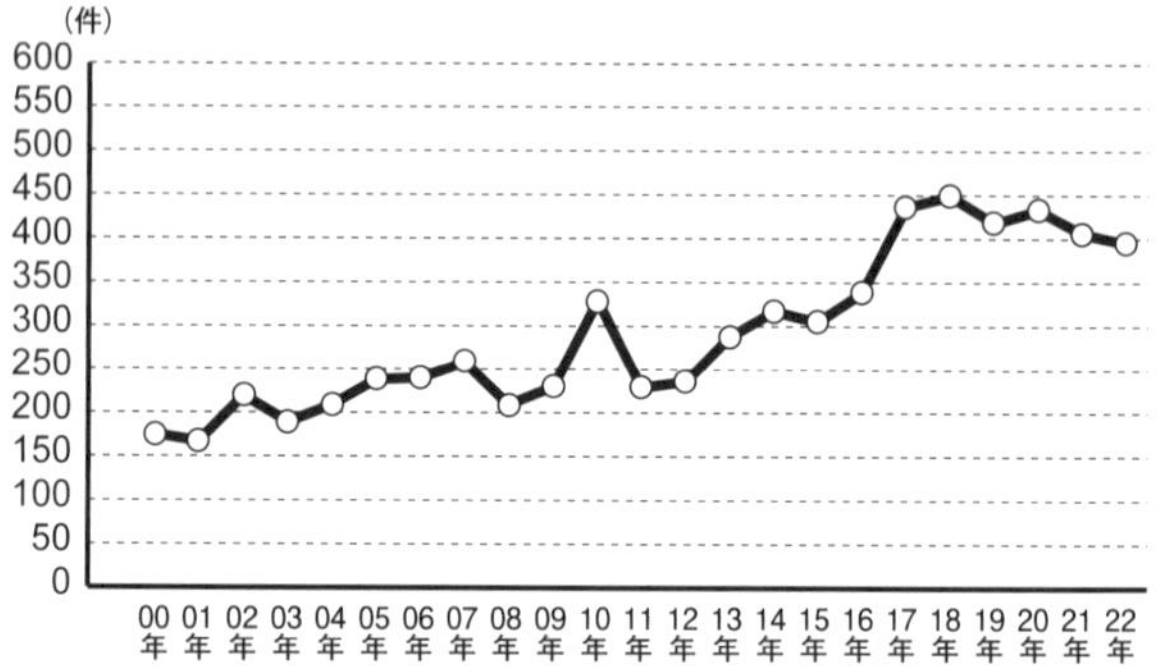

スウェーデンの殺人・過失致死・暴行致死件数推移

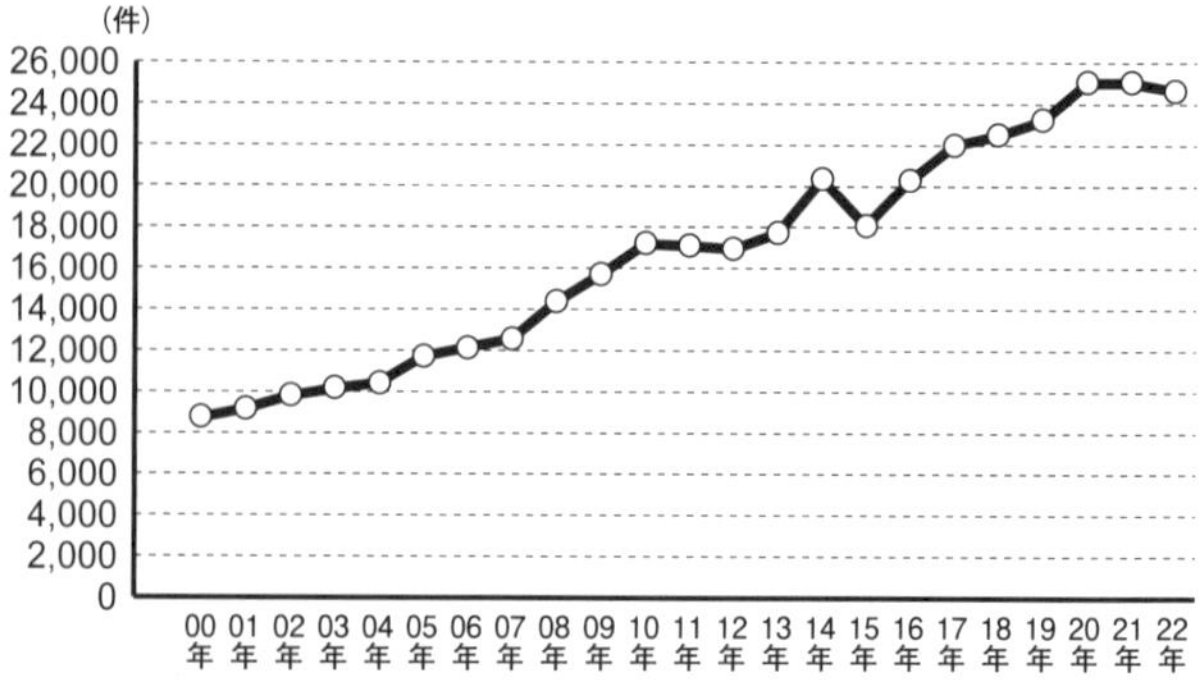

スウェーデンの性犯罪推移

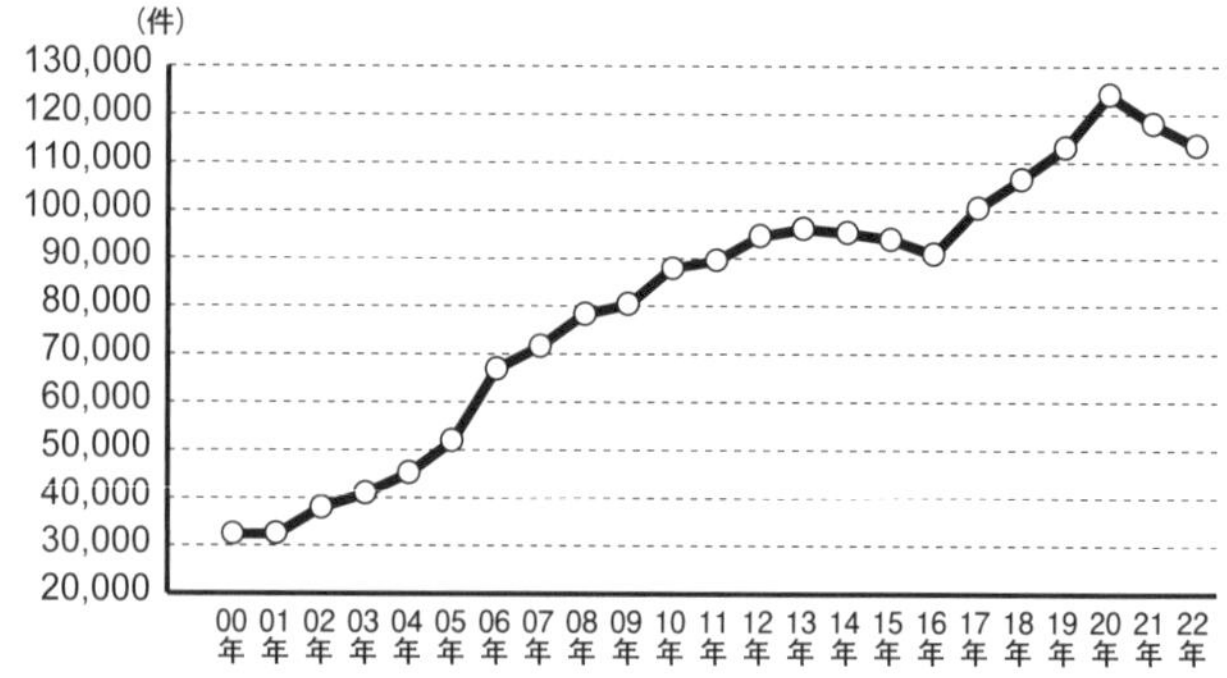

スウェーデンの薬物関連犯罪推移　出典：スウェーデン犯罪防止評議会による犯罪統計

まれで、国家の福祉予算の65％を受給しているのも外国生まれの人々」、「スウェーデンの子供の貧困の77％は外国にルーツを持つ世帯に起因し、公共の場での銃撃事件の容疑者の90％は移民系」だと指摘しています。こうした問題をクルド系の人が指摘しているわけです。

このため、さすがに近年では、スウェーデン国内でも、移民・難民の受け入れに対して消極的な世論が支配的になってきました。

2021年11月30日に首相に就任したマグダレナ・アンデションは、新党首としての演説で、左派の〝お作法〟通り、新自由主義に対する福祉国家スウェーデンの勝利を祝いながらも、国内の200万人強の難民・移民に対して「あなた方が若いなら、高校卒業資格を得て就職するか、進学しなさい」、「(国から経済的支援を受けている人は）スウェーデン語を学んで週何時間かでも働いてほしい」、「この国では男女ともに働いて社会に貢献している」と訴えています。ようするに、「みんなちゃんと働いているんだから、あなたたちだけが福祉にタダ乗りするのは勘弁してください」というメッセージを非常にマイルドに伝えたわけです。

我々日本人からすると、移民・難民の自助努力を求める発言としては、かなり穏健な部類に入ると思えます。

しかし、この発言でさえ、スウェーデンの左派・リベラル系勢力の一部は「排外主義だ！」

「右傾化だ！」と非難していました。

とにかく、スウェーデンでは、移民政策の行き過ぎにより、左派の社会民主労働党の党首ですら、このようなメッセージを発するようになったわけです。

現在、出自が外国のスウェーデン国民は200万人と言われており「総人口1035万人の5人に1人は移民」という状態になっています。彼らの多くが、ちゃんとした教育を受けず、言葉も学ばず、社会にも適応する気がないとなれば、当然犯罪の温床になります。

実際、2022年4月には、移民の集団と警官隊の激しい衝突が各地で発生し、闇夜に自動車が燃え上がる異様な光景が報道されました。

これを受けて、アンデション首相も「まったく違う現実を生きている裏の社会がいくつもできてしまっている」と危機的状況を訴えます。「まったく違う現実」

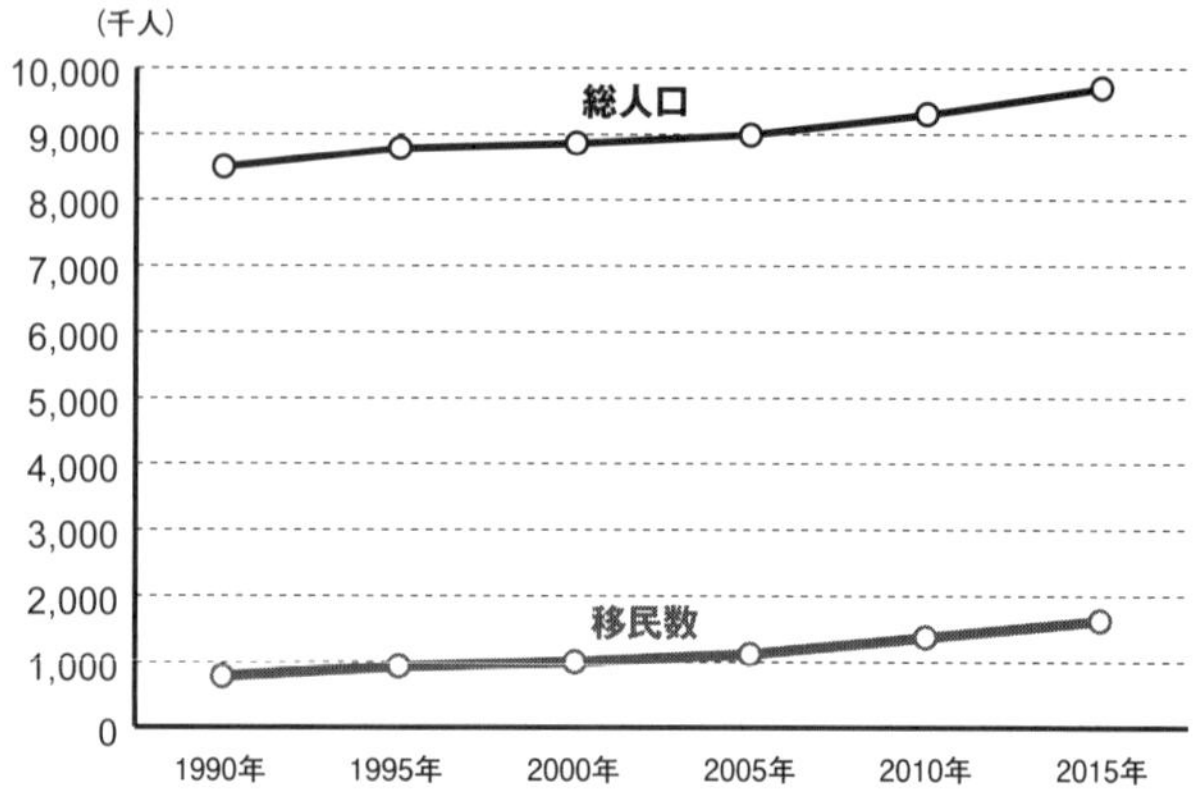

スウェーデンの総人口と移民数推移
The World Bank（世界銀行）HP（https://www.worldbank.org）の統計データをもとに作成

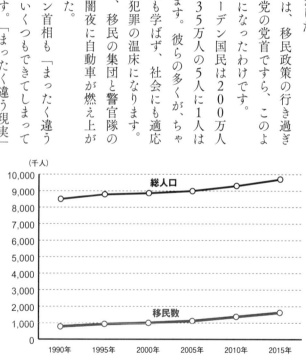

ではなく、むしろこれこそが今のスウェーデン社会の〝現実〟なのですが、とにかくアデンションも「さすがにこれはマズイぞ……」と感じたわけです。

銃器による死者も選挙前の2022年9月はじめまでに50人近くにのぼり、すでに前年一年間の犠牲者数を上回っていました。アンデションは「犯罪の〝根源〟に対し〝総攻撃〟を行う」と宣言して対策を急ぐも、まったく成果が上げられませんでした。

2022年9月の総選挙は、そういう状況下で行われたわけですから、左派連合が負けるのも当然です。

真面目な移民たちに支持された右派政権

選挙に勝利した右派連合の一角を担うスウェーデン民主党は、1988年に設立された右派政党です。もともと白人至上主義運動が出発点だとされているため、日本のメディアでは「極右」とも紹介されていました。確かに過去にはそういう面もあったのですが、2006年には正式にファシズムとナチズムの両方を拒否しています。

特に彼らが現在訴えているのは「スウェーデン社会に同化しないイスラム系移民・難民によ

る犯罪の多発問題」と「これまでスウェーデン政府が強引に推し進めてきた多文化主義」こそ、自分たちが戦うべき〝社会の敵〟だということです。

これらを撲滅することを宣言したことから、近年急速に支持者を拡大して勢力を伸ばすことに成功してきました。

注目すべきは、彼らの支持者のなかには、しっかりとスウェーデン社会に適応しているムスリム系移民やその他の外国ルーツの非白人（移民2世、3世も含む）の有権者がかなり多いということです。

彼らはスウェーデン語を話してスウェーデン社会の慣習・ルールに従って暮らしています。ムスリム系と言っても、イスラム諸国で蔓延している宗教過激主義や女性への抑圧を否定する立場の世俗的な人たちです。彼らからすると、そういうイスラム原理主義的な社会が嫌でスウェーデンに逃れてきたのに、スウェーデンに移民・難民として原理主義的な過激派ムスリムがどんどん増えていくという状況はたまったものではありません。「あんなトンデモない連中と俺たちを同一視しないでほしい」という心情になるのも無理はないでしょう。

ようするに、トンデモ移民が増えれば増えるほど、以前からスウェーデン社会に溶け込んで真面目に生活している移民たちがバカを見る羽目になっていたわけです。

当然彼らは、独善的・理想主義的な移民政策で自分たちをさらに苦しい状況に追い込もうとしている左派政党よりも、現実的な問題解決を提案してくれている右派政党を支持します。

こうした状況のなかで、スウェーデン民主党は近年急速に勢力を伸ばしてきました。

2010年には、国会に議席を持てる「得票率4％以上」の条件をクリアする5・7％の得票を得て国会に進出。2022年の選挙では、「スウェーデンを再び安全に」をスローガンに、犯罪組織対策や移民の制限、禁錮刑の延長などを掲げて、改選前から11議席増の73議席を獲得し、第2党に躍進しました。

社会民主労働党自体は第1党を維持したものの、民主党を含む保守系野党4党（民主党、穏健党、キリスト教民主主党、自由党）が176議席で過半数を獲得。右派連合への政権交代が実現しました。

ただし、民主党のジミー・オーケソン党首については、毀誉褒貶《きよほうへん》が激しく、他党から全面的な支持を得ていないため、首相には穏健党のウルフ・クリステルソン党首が選出されています。

これは日本でも言えることですが、移民によって外国人が

ジミー・オーケソン

地域に増えるとなると、地元住民が不安を覚えるのは当然の心情です。

そんな時に移民推進派の人たちは「外国人という理由だけで不安に思うなんて、とんでもない差別だ！」と怒鳴り散らしますが、そんなことを言っても何も始まりません。

地元住民が不安に思う気持ちを理解した上で、それを解消するにはどうすればいいか。どれくらいの数なら移民・難民を受け入れても大丈夫なのか。受け入れた外国人たちが日本社会に適応してもらうにはどうすればいいか——などの建設的な議論を経た上で「しっかりと体制を整えるから受け入れましょう」ならまだわかります。

しかし、移民推進派の人たちがやっているのは、不安の声をあげさせないよう圧力をかけ、「かわいそうな彼らをとにかく受け入れろ！　受け入れたくないと考えているヤツは差別主義者だ！」と叫んでいるだけです。

差別云々と騒ぐ前に、私たち日本人は今こそスウェーデンを反面教師としてしっかりと見習い、彼らの移民政策の〝失敗〟に学ぶべきでしょう。

ウルフ・クリステルソン

第4章

みんな知らない韓国 〝反日〟の正体

反日の〝本当のターゲット〟は日本ではない？

本章では、みんなよく知っているようで意外と知らないお隣の国、韓国について見ていきましょう。

特に保守系の人たちは、韓国がこれまでどのような反日活動をしてきたか、どのように歴史を捻じ曲げてきたか、どれだけ日本との約束を反故にしてきたか、といったことについてとても詳しい方が多いので、「今さら韓国？」と思われるかもしれません。

しかし、日本に対して極めて敵対的だった（少なくとも多くの日本人にはそう見えた）文在《ムンジェ》寅《イン》政権から、日本との関係修復に熱心な現在の尹錫悦《ユンソンニョル》政権への振れ幅があまりにも大きいのはなぜなのか、その理由について歴史的な背景も踏まえて整理しておくことは、韓国という国と接していく上で極めて重要なのではないかと思っています。

韓国の反日活動等についてどれだけ詳しくても、彼らがなぜそのようなことをしているのか、すなわち韓国の「反日」とされる言動の意図や思考方法を理解していなければ、それ

尹錫悦

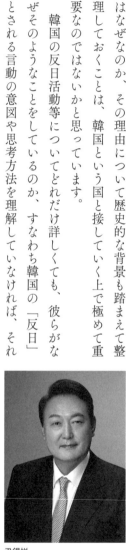

らをやめさせる処方箋が見いだせないばかりか、誤った方向へとがむしゃらに努力した結果、何も得られないどころか私たち国民が自ら日本の国益を損なうような世論を形成しかねないからです。

そもそも大前提として知っておいていただきたいのですが、韓国の反日の〝本当のターゲット〟は、必ずしも日本ではありません。

これは、韓国だけでなく、中国にも共通する政治文化のひとつの特徴なのですが、〝指桑罵槐《しそうばかい》〟という言葉があります。直訳すると、「桑の木を指して槐《えんじゅ》を罵《ののし》る」という意味ですが、ある人のことを激しく非難していても、真のターゲットは言葉で非難されている人ではなく、別の人のことである、という現象のことです。

たとえば、中国では、中国共産党の一党独裁体制の下、一般国民の政府批判は厳しく統制されていますが、国家のイデオロギーとして〝愛国〟を強調しているため、〝愛国〟につながる文脈で歴史問題や尖閣問題を取り上げて日本を非難することについては、かなりの自由度が認

尹錫悦と岸田首相

められています。そこで、共産党の政策や政権の幹部を批判したい時に、日本非難にかこつけて、実際にはその政策なり幹部なりを批判するということが珍しくありません。

妙なたとえかもしれませんが、かつてのポルノ映画には一定の回数の濡れ場が出てくれば、それ以外は何でもありの風潮がありました。当時の若手映画人たちは、そうした〝制約〟を逆手に取って、濡れ場以外の部分でさまざまなストーリーや演出を凝らし、才能を開花させていったわけです。

同じように、〝反日〟の看板さえ掲げておけば、ストレートにモノを言うよりもはるかに〝表現の自由〟を享受できるとしたら、とりあえず日本を非難するという形式をとって、その裏に〝真の敵〟への攻撃を忍ばせる手法がとられるのは自然なことです。

歴史的に、中国の圧倒的な影響下に置かれてきた朝鮮半島でも、この指桑罵槐のスタイルは現在もなお脈々と生き続けています。

したがって、韓国の「反日」という表面上の現象だけを見て、日本側から「反日」叩きをしても、あまり生産性のある議論にはならないでしょうし、ましてや、彼らが〝反日〟的な言動をやめる可能性は極めて低い。もちろん、韓国の反日を叩くことで多少スッキリするところがあるのは、心情としては理解できますが、結局のところ「スッキリしてどうするの？　だから何？」という話になってしまいます。

あらかじめ誤解のないようにお断りしておくと、別に私は「何が何でも韓国と仲良くすべきだ」と言いたいわけではありません。

あくまでも外交関係なのですから、相手国と仲良くする・しないは国益につながるかどうかで判断すべきです。

仲良くするもしないも、国益のための〝手段〟でしかない。はじめから「仲良くする」ありきで、それ自体が〝目的化〟してしまったら、もはや外交とは言えません。それは相手が中国だろうが、ロシアだろうが、アメリカだろうが、さらには〝親日〟の筆頭としてあげられることの多い台湾であっても同じです。たとえば、ウクライナ侵攻で西側諸国から袋叩きにあっている現在のロシアと仲良くして米国やEU諸国との関係を悪化させるべきではないのは、それが日本の国益にならないからです。

日韓関係に関していうと、北朝鮮の脅威や台湾有事に備えなければならないという共通の問題がある以上、国防の面で日韓の連携は必要でしょうし、少なくとも協調しておいても損はないと思います。

だから、日本としては、相手とまともに話し合いができるうちにしっかりと詰めるべきところを詰めておくことが重要です。政権が交代しても、これまでのように簡単に手のひら返しができないよう、しっかりと型にはめておいたほうがよい。

過去と同じ過ちを繰り返さないためにも、今こそ韓国について彼らの根本的な部分をしっかりと理解しておく必要があります。

著書が注目されてアメリカに推された李承晩

今日の韓国を理解する上で重要なキーワードは「（1987年の）〝民主化〟以前・以後」です。それを理解するために、まずは第二次世界大戦後に「大韓民国」が建国されてから民主化にいたるまでの歴史的な流れを整理しておきましょう。少し長くなりますが、大切な基礎知識なのでしばらくお付き合いください。

ご存じの通り、1945年の日本の敗戦により、それまで大日本帝国の一部だった朝鮮半島は、北緯38度線を境界線として、米ソに分割占領されました。

その後、国連の監視下で独立政府樹立のための総選挙が行われることになりましたが、ソ連は自らの占領地域への国連調査団の立ち入りを拒否。このため、1948年5月に南半部のみでの単独選挙が行われ、同年8月、南半部に大韓民国（韓国）が発足しました。一方、選挙が行われなかった北半部には、同年9月、ソ連の衛星国として朝鮮民主主義人民共和国（北朝鮮）が樹立されました。

この時、韓国の初代大統領に就任したのが李承晩《りしょうばん》という人物です。

李承晩は、１８７５年3月、現在は北朝鮮の支配下にある黄海道平山郡の李朝の王室ともつながる名家に生まれました。米国に留学して名門プリンストン大学で博士号を取得し、大統領にもなったウッドロー・ウィルソンとも面識があったというキャリアを生かして、戦前は、主として、ハワイ、アメリカで独立運動家として活動し、日中戦争期のアメリカの対中支援政策と絡めて、朝鮮独立に対する支援を訴えています。

李は自称「大韓民国臨時政府・大統領」の肩書をもって、日本の〝極悪非道ぶり〟を宣伝しながら朝鮮の独立を訴える積極的なロビー活動を展開していましたが、当初はまったく相手にされませんでした。しかし、１９４１年3月に著書『私の日本観（原題はJapan inside out: the challenge of today）』を発表し、同年末に太平洋戦争が勃発したことで、脚光を浴び

李承晩

ることになります。著書で事前に「このまま日本を放っておけば、そのうち東南アジアに兵を出して、アメリカやイギリスの権益にも手を突っ込むぞ。民主主義の敵である日本をやっつけなきゃいけない」といったことを訴えていたので、「先見の明がある人物」として注目されたというわけです。

こうして一躍有名人になった李は、引き続きアメリカで日本の〝極悪非道ぶり〟を宣伝しておカネを稼ぎながら顔を売っていたのですが、解放後の1945年10月、アメリカ軍政下の南朝鮮に帰国。その後、李朝王室につながる名家出身という家柄の良さと、アメリカとのパイプを最大限に活用して政治権力を拡大し、1948年8月、大韓民国の成立とともに初代大統領に就任します。

ところで、この李の大統領就任に合わせて、大韓民国成立直前の1948年8月5日にアメリカ軍政下の南朝鮮で初代大統領就任の記念切手が発行されました。その切手には韓服姿の李承晩が描かれています。

李は、長年にわたってアメリカを拠点に独立運動を展開してきたというキャリアと国際的な知名度を活かし、国内で「米本国が最も支持する政治家」との印象を植え付けることで権力を掌握してきました。そうした背景もあって、現在残されている彼の写真は、伝統的な韓服姿ではなく、背広姿が圧倒的多数を占めています。

しかし、彼の権力基盤であったアメリカとの関係は、民族独立を果たした新国家の長としては、大国に追従して保身をはかる「事大主義」のマイナス・イメージとも重なり合う危険性もありました。

そのため、李は、切手の肖像を伝統的な韓服姿とすることによって、「李朝の王室とも血縁関係にある名家出身の民族主義者」という自己演出を企図したのでしょう。ちなみに、大韓民国政府建国の記念式典でも、李は韓服を着ています。

大韓民国成立直前の1948年8月5日にアメリカ軍政下の南朝鮮で発行された初代大統領就任の記念切手。韓服姿の李承晩が描かれている

韓国が憲法で自らのルーツと謳う「大韓民国臨時政府」の〝お寒い〟実態

余談ですが、李が自称した「大韓民国臨時政府・大統領」という肩書にある「大韓民国臨時政府」（以下、臨時政府）というのは、1919年のいわゆる3・1独立運動の後、朝鮮の独立運動家が上海で組織した一種の「亡命政府」のようなものということになっていますが、実態

としては、ただの民間団体です。李承晩はその初代「大統領」ということになっていました。

しかし、臨時政府は、思想的ないしは路線上の対立から内紛が絶えず、次第に衰退していきます。そして、1925年に金九《キムグ》（本名、金昌洙）という独立運動家が実権を握ると、次第に抗日テロ組織として再建が図られ、東京での昭和天皇の暗殺未遂事件や上海での天長節記念式典への爆弾テロ事件などを実行するようになりました。

さらに、日中戦争下、上海が日本軍の占領下に置かれると、臨時政府の面々は上海を脱出し、南京や長沙を経て、1940年には重慶に移転。この地で、中国政府から公然と財政支援を受け、1941年12月10日には対日宣戦布告を行っています。

もっとも、臨時政府そのものが〝自称政府〟の民間団体ですから、そんな組織の宣戦布告が国際的に認められるはずがありません。

実際、第二次世界大戦以前の世界で、「大韓民国臨時政府」を国際法上の正規の「亡命政府」として承認した国は、中国、フランス（ドゴール政府）、ポーランド（ロンドンの亡命政権）ぐらいしかありませんでした。

ちなみに、実質的に「日本の属国」と見られていた満洲国でさえ、ドイツ、イタリア、スペイン、バチカンなど23カ国から国家承認を受けています。

このように、当時の臨時政府の国際的なプレゼンスはかなり〝お寒い〟状況だったのが実情でしたから、彼らの宣戦布告が国際社会からまともに取り上げられるはずなどありようもない話です。また、日本は朝鮮半島から撤退したのは、日本が連合諸国（当然のことながら、そのなかに大韓民国臨時政府は含まれていません）に降伏したからであって、臨時政府が（他国とともに）日本と戦って日本軍を放逐したからではありません。

このことは大韓民国の建国に際して非常に大きな傷になる、少なくとも、李承晩ら新国家の指導部はそう考えました。

歴史的に中国の強い影響下にあった韓国では、儒教、とりわけ朱子学（を韓国風に理解したもの）の発想が今日も根強く残っています。

朱子学にもいろいろな考え方がありますが、韓国を読み解く上で重要なのが「理気二元論（この世のすべての物事は理と気から成り立つという考え方）」です。「理」は「万物がこの世に存在する根拠、根本原理」、「気」は「万物を構成する物質」を意味しており、すべての「気」は「理」によって統御されています。

この理気二元論に基づき、韓国人は、すべての根本原理となる「理」を非常に重視します。「理」とは「ことわり（理）」であり、すべての出発点ですから、それぞれの体制を支える思想やイデオロギー、あらゆる価値観も、さかのぼっていけば、最後にはその源泉となる「理」にたどり着くわけです。逆に、出発点である「理」が正しくなければ、そこから生まれた思想や価値観、さらにはそれらに立脚する体制も正しいものにはなりません。

一般的に、旧宗主国から独立した国には、苛烈な独立戦争を戦ったり、粘り強い交渉をしたりして、苦難の末に悲願の独立を達成したという物語があります。しかし、自らは戦わずして、いわば日本が自壊することで、急遽独立が降ってきた大韓民国にはそうした物語はありません。もちろん、李承晩や金九など、ごく少数の独立運動家は活動していましたが、大半の朝鮮人は、日本人という異民族に支配されることをおそらく内心では不愉快に思いつつも、大日本帝国の存在を認め、その枠組みのなかで生活し、社会的な自己実現を目指していたわけです。

そもそも、国際社会が、大韓民国臨時政府が朝鮮人を代表する正規の政府であると認知し、彼らを連合国の一員として「戦勝国」の末席にでも加わることを認めているなら、朝鮮半島を米ソ両軍が分割占領することはあり得ません。

しかし、大韓民国を建国する以上、少なくとも、理気二元論に基づいて世界を見ている人たちを納得させるには、何らかの「理」がなければなりません。

そこで、大韓民国の起源は、全朝鮮人を代表する政府として大韓民国臨時政府が存在し、30

年近い苦闘の末に独立国家の建設にこぎつけたという物語が、彼らにとっての「理」として重要な意味を持ってくるわけです。いいかえるなら、その物語の上に、彼らは大韓民国の正統性を組み立てようとしたといってもいい。

はたして、1948年7月に公布された大韓民国憲法（1948年憲法）は、前文で「悠久の歴史及び伝統に光輝く我が大韓国民は、己未三・一運動で大韓民国を建立して世界に宣布した偉大な独立精神を継承し、これから民主独立国家を再建する（以下略）」と謳い、3・1独立運動を経て、独立運動家が上海に樹立した「大韓民国臨時政府」が現在の大韓民国のルーツであるとの歴史認識を示しています。

その後、憲法は何度か改正されていますが、いわゆる民主化以降の1988年2月に施行された現行の大韓民国憲法でも、前文の冒頭で「悠久の歴史と伝統に輝く我が大韓国民は、3・1運動により建立された大韓民国臨時政府の法統及び、不義に抗拒した4・19民主理念を継承し（以下略）」と明示されています。つまり、臨時政府がルーツという立場は維持されているわけです。

ところが、日本の敗戦後、朝鮮半島の38度線以南に進駐した米軍は、臨時政府の正統性を正式に否定しました。

当然のことながら、1948年の大韓民国成立後には、李承晩が対日講和会議に「戦勝国」として参加したいと要求しましたが、これも米英によって一蹴されています。

李承晩にとっては〝神風〟だった朝鮮戦争

1948年8月の韓国政府樹立以来、李承晩政権は、国内の政治的・社会的・経済的混乱をまったく収束させることができずにいました。そのため、1950年5月30日に行われた総選挙では李承晩派が惨敗しています。

当時憲法の規定では、大統領の任期は1952年8月までとなっていました。ただ、「それまで李大統領はとても政権を維持できないだろう」というのが大方の見方でした。まさに李承晩政権は「風前の灯」状態にあったわけです。

しかし、ここで李承晩政権に〝神風〟が吹きます。

選挙直後の1950年6月25日、朝鮮戦争が勃発したのです。

戦争という非常時に際して、国民は否応なく大統領のもとに団結しなければならなくなりました。政権を維持したい李承晩にとって、これほど好都合なことはありません。

1950年6月25日、南侵を開始した北朝鮮の朝鮮人民軍は、3日後の6月28日、首都・ソウルを陥落させた後も破竹の勢いで南侵を続け、7月4日には水原（京畿道）を、同20日には大田（当時は忠清南道）を、それぞれ占領しました。

その後、7月7日、国連安保理が国連派遣軍（以下、国連軍）の創設を決議し、7月13日には米第8軍司令部が横浜から大邱（慶尚北道）に進出したものの、朝鮮人民軍の南侵を止められません。16日に大邱に撤退した韓国政府が、翌日にはさらに釜山に移転するという劣勢ぶりでした。その後も、朝鮮人民軍は南侵を続け、河東・咸陽・安義・晋州を次々と占領していきます。

こうした事態を受けて、8月1日、米第8軍司令官のウォルトン・ハリス・ウォーカー中将は、洛東江陣地線への後退を指令。以後、いわゆる釜山橋頭堡《プサンきょうとうほ》（朝鮮半島南東部の馬山＝洛井里＝盈徳を結ぶ南北153キロ、東西90キロの防御線）の攻防をめぐり、激戦が展開されることになりました。

なお、1950年8月の時点では、戦局は全体として北朝鮮側が圧倒的に有利ではあったものの、すでに北朝鮮の補給能力は限界を超えていました。朝鮮人民軍は二度にわたって猛攻をかけるも、結局、釜山橋頭堡を制圧できませんでした。

一方、国連軍側は緒戦段階から制空権・制海権を掌握していましたが、米本土からの弾薬船が釜山に到着するようになったのは8月下旬以降のことです。それまで、第8軍は日本本土に備蓄されていた弾薬で急場をしのがざるをえず、苦境が続いていました。

こうしたなかで、8月以降、釜山に兵員・物資が続々と陸揚げされていったことで、ようやく国連軍は徐々に戦力を回復していきます。そして、北朝鮮側の戦力が釜山橋頭堡攻略に集中している機会を捉えて、9月15日、国連軍総司令官のマッカーサーが朝鮮人民軍の後背地にあたる仁川上陸作戦を敢行。これにより、戦況は一挙に逆転し、朝鮮人民軍は敗走していくことになりました。

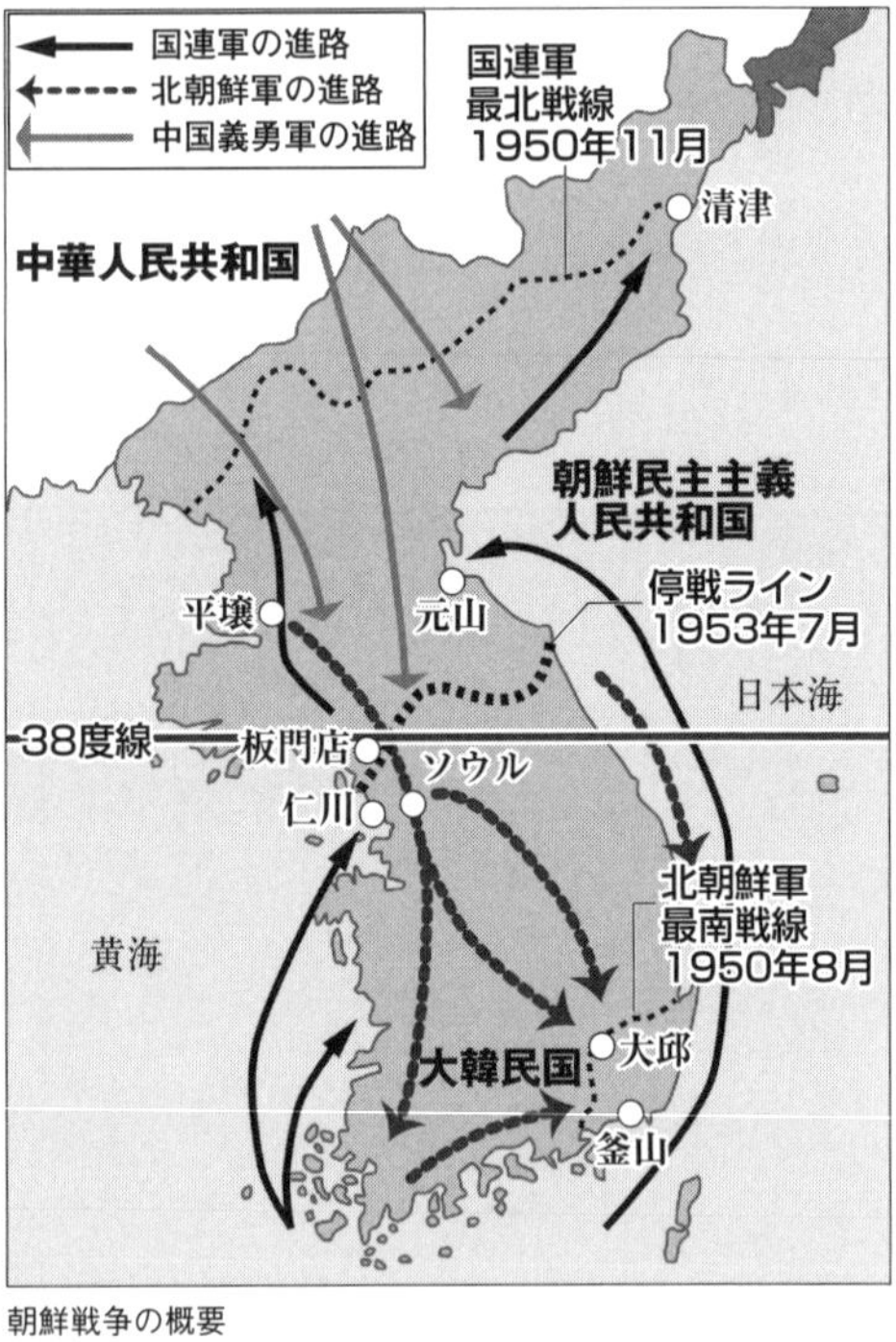

朝鮮戦争の概要

なぜ李承晩政権は竹島を不法占拠したのか？

ここまで述べてきた朝鮮戦争の経過を見てもわかる通り、結局のところ、韓国政府は北朝鮮の奇襲を自力で撃退することができませんでした。それどころか、ソウルが陥落する前には、政府首脳は、国民に対しては「首都の死守」を訴えながら、ひそかに大田に逃れています。しかも、漢江の橋梁を爆破して市民の避難路を絶ち、多くの犠牲者を出しました。ちなみに、この一件は、２０１４年の旅客船セウォル号沈没事故に際して、船長が乗客を見捨てて船から脱出して救助された際にも、アナロジーとして持ち出されています。それほど韓国国民にとっては大きなトラウマとなっているというわけです。

さて、朝鮮戦争勃発後、確かに李承晩への表立った批判は、戦時下ゆえに影をひそめました。しかし、政権に対する国民の不満は、けっして解消されたわけではありません。

むしろ戦争中には、李承晩政権に対する不満を高める出来事が起こっています。

たとえば、人海戦術で攻勢をかける中国人民志願軍に対抗するために徴集された国民防衛隊では、劣悪な待遇により多くの兵士が餓死・凍死・病死する一方、幹部たちによる公金横領や汚職が蔓延《まんえん》していました。

また、韓国国内に潜入した共産ゲリラの討伐に際して、無関係の一般住民を軍が虐殺するという事件まで起こっています。

これらはいずれも李承晩政権に対する国民の信頼を著しく損ねました。当時の憲法の規定通り、国会議員（その多数は反李承晩派の野党議員）による間接選挙で大統領が決まるということになれば、李承晩の再選は絶望的でした。

ところで、李承晩が1952年1月18日に突然「李承晩ライン」を宣言したことをきっかけに、韓国側による竹島の不法占拠が始まったことはよく知られています。李承晩政権が日本に対して強硬な姿勢を取っていた背景には、こうした国内の不満をそらしたい事情があったわけです。

竹島で訓練をする韓国軍（2013年）

北朝鮮よりも強烈だった、李承晩の個人崇拝・独裁志向

政権への飽くなき執着を示す李承晩は、戦時下という状況を利用して着々と再選へ向けて布

石を打っていきます。

まず、選挙前年の1951年12月、李承晩は自ら総裁となって自由党を創設。再選実現のため、大統領の直接選挙を可能とするよう、憲法の改正を主張し始めます。これに対して、野党側は、李承晩政権打倒のため、内閣責任制を明確にするための憲法改正を主張。両者は激しく対立しました。

結局、大統領側は1952年5月、「共産分子が治安を撹乱するのを防ぐため」との名目で戒厳令を発令。野党議員を憲兵隊に連行するなどの強引な手法で強行突破します。

そして、同年7月には、大統領選挙を国民による直接選挙とする憲法の改正案を可決。8月5日、この新憲法に基づく大統領選挙の投票が行われ、露骨な選挙干渉のもとで李承晩は再選を果たしました。

アメリカは、こうした李承晩の強引なやり方を苦々しく見ており、一時は大統領の監禁と軍政の施行も検討されたと言われています。しかし、戦時下という状況を考慮して、この計画は沙汰止みとなりました。ここでもまた、李承晩は朝鮮戦争の恩恵を被ったと言えるでしょう。

1953年の朝鮮戦争休戦を経て、戦後復興に向けてアメリカからの経済支援がもたらされるようになると、李承晩は「終身大統領」を目指して動き出します。

1955年の時点で、韓国の憲法では大統領の任期は2期までとされており、3選は禁止されていました。つまり、1952年に再選を果たした李承晩の任期は、本来なら1956年までです。

そのため、李承晩は憲法改正に着手します。

憲法を改正するためには、国会議員の3分の2以上の賛成票が必要とされていました。当時の国会の定員は203議席だったので、単純に計算すれば、その3分の2は135・3人です。こういう場合、普通は136人をもって3分の2以上とされます。

このため、1954年秋の韓国国会では、136票をめぐって与野党の激しい攻防が繰り広げられました。

11月29日の採決では、李承晩派の提出した憲法改正案は、賛成135、反対60となり、改正案はいったん否決されます。

ところが、李承晩政権側は「定員数203の3分の2は135・3人だから、四捨五入すれば135票だ！」と強弁。一度は否決された改憲案を、強引に「可決された」と主張して公布してしまいます。

これが悪名高い「四捨五入改憲」です。

こうした李の独善的な姿勢は、当然のことながら、内外の強い批判を招きました。

しかし、李政権は強権を持って反対派を押さえ込み、1956年5月の大統領選挙での3選へ向けての活動を公然と開始しました。

ところで、当時、李承晩の誕生日（3月26日）に合わせてつくられた面白い切手があります。1955年3月26日に韓国が発行した「李承晩大統領閣下第80回誕辰紀念」の切手です。「誕辰」とは、目上の者や貴人の「誕生」を意味します。切手は、上左・右角に「奉祝」を意味するハングルが、下左・右の角に「壽」の漢字がそれぞれ入っており、鳳凰のもとに李承晩の肖像が描かれています。

「李承晩大統領閣下第80回誕辰紀念」の切手

朝鮮王朝時代から、鳳凰は君主の象徴の一つとして用いられ、大韓民国の成立後も国家や大統領の象徴として使われてきました。1967年に正式に制定された現在の大統領標章も、韓国の国花・ムクゲを中心に向かい合った鳳凰を描くデザインです。

鳳凰は鳳（オス）と凰（メス）に分けられ、雌雄一対で、陰陽の調和と共生の意味を持つものとされてきました。そのため、伝統的な文様では、鳳の尾に花などを飾り、凰より華麗に表現したりするなど、鳳と凰の形を変えるのが本来の在り方ですが、この切手に描かれている二羽は同じ形のようです。

ちなみに、北朝鮮で金日成《キムイルソン》の誕生日が国家的規模で祝われるようになったのは、中国派・ソ連派の粛清を通じて彼が独裁的権力を掌握した1960年代以降のことです。彼の誕生日を祝う最初の記念切手は、1962年発行の「金日成元帥誕生50周年紀念」でした。あの北朝鮮でも、金日成に対して、「誕辰」ではなく、一般人の場合と同じ「誕生」を使っています。

1955年の時点では、金日成よりも李承晩のほうが個人崇拝・独裁志向が強かったという点は注目すべきでしょう。

経済失政で高まる国民の不満

1956年の李承晩3選前後の韓国経済は、物資不足が常態化するなかでコメの凶作が発生したことで、GNP成長率が低下し、物価も急激に上昇するなど、危機的な状況にありました。そこで、大統領選挙後、李承晩は、実務派経済官僚の金顕哲《キムヒョンヒル》を復興部長官・経済調整官に任命し、抜本的な改革に着手します。

一方そのころ、アメリカは、長期独裁政権のトップとして、きわめて独善的な李承晩のことを苦々しく思っていました。しかし、韓国が東西冷戦の最前線に位置している以上、李承晩政権を支えざるを得ないのが現実でした。

ところで、アメリカでは1950年代を通じて軍事費が拡大し、反ソ包囲網を形成・維持するための対外援助も増額され続けていました。そのため、政府予算が大いに圧迫され、金保有高も急減。その結果、1950年代末になると、金1オンス＝35ドルという公定レートが維持できなくなるのではないかとの懸念が国際市場で急速に高まり、ロンドン市場では金価格が上昇し始めました。いわゆる「ドル危機」が表面化してきたわけです。

これによりアメリカは、対外政策を基本的に見直す必要に迫られます。

すなわち、従来のようなバラマキ型の経済援助政策から、経済開発を支援することによって同盟諸国の支配の安定をはかるよう、政策を転換。その結果、韓国に対する経済援助も大幅に減額され、アメリカに依存していた韓国経済も大きなダメージを受けることになりました。

韓国経済が苦境に陥るなか、李承晩政権は、援助削減反対を声高《こわだか》に叫ぶだけで、現実をみすえた効果的な対策を講じることができませんでした。

それどころか、反共・反日を金看板とする李承晩政権は、在日朝鮮人の帰還事業をめぐって日本との通商断交を強行したものの、断交声明を撤回するタイミングを逸し、事態を悪化させていました。その結果、1958年に6・1パーセントだった経済成長率も、1959年には4・6パーセントまで下落します。

当然、経済失政に対する国民の不満は高まりましたが、李政権は強権支配でそれを乗り切ろうとしました。野党・進歩党の指導者で、次回（1960年）の大統領選挙の有力候補と目されていた曺奉岩《チョボンアム》が、1958年1月、北朝鮮から選挙資金を受け取っていたとして国家保安法違反容疑で逮捕され、翌1959年7月に処刑されたのは、その象徴的な出来事です。

しかし、こうした姿勢は、長期政権につきものの各種の腐敗ともあいまって、国民の不満をいっそう募らせることになりました。

不正選挙で国民の怒り爆発、アメリカからも見放された李承晩政権

もはや李承晩政権が末期的な状況に陥っていたことは誰の目にも明らかでした。

そんな状況のなか、1960年1月、野党・民主党の大統領候補として李承晩の4選を阻止

する可能性が大きいと見られていた趙炳玉《チョビョンオク》が、5月に予定されていた選挙を前に、持病の治療のために渡米します。

すると、李政権はその留守をねらって、大統領選挙の実施を3月15日に変更。その後、趙は手術の結果が思わしくなく、選挙を1カ月後に控えた2月15日に急死してしまいました。

こうして、大統領選挙での李承晩の4選はほぼ確実になり、焦点は準大統領ともいうべき副大統領に移ります。

李政権は与党候補の李起鵬《イギブン》の当選を望んでいましたが、野党候補で現職（当時は、大統領と副大統領を別個に選んでいたため、両者が与野党に分かれることもあり得た）の張勉《チャンミョン》が優勢と見られていました。

このため、政府は露骨な選挙干渉に乗り出します。選挙当日の未明、李起鵬への票を投票箱に前もって入れておいたり、有権者を小人数のグループに分け、組長が組員の記入内容を確認した後、投票箱に入れるようにしたり、投票箱と投票用紙をすり替えたりといったことまで行いました。

結局、選挙の結果は、大統領候補としての李承晩が963万票を獲得して当選。副大統領に

趙炳玉

関しては、李起鵬833万票、張勉184万票と発表されます。

しかし、選挙結果が発表されるや、あまりにも露骨な不正に怒った国民は、各地で糾弾デモを展開しました。

特に馬山で行われたデモは激しく、警察の発砲により、8人が死亡、200人余が負傷しました。

さらに、デモに参加した後、行方不明となっていた中学生・金朱烈（当時17歳）が、4月11日になって、馬山の沖合で、目に催涙弾が突き刺さった惨殺体で発見されると、これを機に、李政権に対する国民の不満が爆発。4月19日には、ソウルで大規模な学生デモが発生しました。

この時のデモでは、学生と警官隊との衝突で183人が死亡し、6200人が負傷。さらなる騒擾《そうじょう》状態が続くなかで、ついにアメリカも李承晩不支持を明らかにします。

万策尽きた李承晩は退陣を表明してハワイに亡命。また、副大統領に「当選」したばかりの李起鵬は28日にピストルで自殺しました。

1961年4月19日に韓国で発行された「4月革命1年」の記念切手。反李承晩のデモを行う学生たちの写真が取り上げられている

これが、世にいう「4月革命（4・19学生革命）」――先に紹介した憲法の前文に記されている「不義に抗拒した四・一九民主理念」にあたる出来事です。

グッダグダ文民政権のあまりの無能さに軍部がクーデター

4月革命によって李承晩独裁政権が倒れると、ごく短期間の許政暫定政権を経て、1960年8月に張勉政権が誕生しました。

この間、1960年6月15日には、李承晩体制の崩壊に伴う新憲法（第二共和国憲法）が公布されましたが、その前文は冒頭、「悠久の歴史と伝統に輝く我ら大韓国民は、己未参一運動により大韓民国を建立し世界に宣布した偉大な独立精神を継承し、ここに民主独立国家を再建するにあたり……」と記しており、大韓民国としての「理」については、李承晩時代の内容をほぼ継承していました。

さて、張勉政権の発足後も、韓国社会の混乱は収まらず、悪化するばかりでした。

政界では、与党の民主党が新派・旧派の対立から、旧派が脱党して新民党を結成。ポスト李承晩の座をめぐって泥仕合の権力抗争を繰り返し、政治は機能不全に陥ってしまいました。また、李承晩時代の清算に伴い、多くの財界人が不正蓄財法違反の対象者とされたことで、経済活動も停滞してしまいます。

さらに、そうしたなかで政府が通貨切り下げと公共料金引き上げを行ったことから、物価が高騰。労働運動も激化しました。

年が明けて1961年になると、慶尚北道と全羅南道を中心に約30万戸の絶糧農家が発生しつつあり、3カ月後には救済を必要とする農家が90万戸（全農家の4割）に達するであろうとの報道が韓国各紙でなされるようになっていました。完全失業者は政府発表でさえ130万人（米経済援助機構USOMの発表では300万人）にも達しており、韓国経済は危機的な状況に陥ります。

それにもかかわらず、張勉政権は、2月8日、アメリカ側の一方的な判断で援助を打ち切ることを盛り込んだ韓米経済および技術援助協定に調印し、国民の憤激を買うという無策ぶりでした。

加えて、北朝鮮の宣伝攻勢に影響された学生たちを中心とした、新北派による「自主統一運動」が1961年に入るとさらなる盛り上がりを見せていました。

3月22日には、ソウル市庁舎前で約1万5000名が集会を行い、反共法とデモ規正法の制定反対、張勉内閣の即時退陣を要求。デモ隊が首相官邸と国会に押し寄せ多数の逮捕者を出す騒擾事件が発生します。

5月に入ると、学生による「民族統一全国連盟発起人会」が南北学生会談を決議するなど、運動は急進化していきました。

こうした状況を受けて、文民政権のあまりの無能ぶりに不信感を募らせた軍部では、朴正煕少将を中心とする少壮将校が、ナセルのエジプト革命をモデルにクーデターを計画。1961年5月16日午前3時、朴正煕《パクチョンヒ》率いる約3600名の兵力（空挺団、海兵第一旅団、第五砲兵団）が、海兵隊を先方として漢江大橋を渡ってソウル市内に侵入し、いわゆる「5・16革命」を起こしました（5・16軍事クーデターとも）。

クーデター側は、漢江大橋付近で憲兵第七中隊（中隊長：金錫律大尉）の約50名と銃撃戦を行った以外は、大きな抵抗もなしに中央庁や国会議事堂などソウル市内の主要部分を制圧。午前5時、彼らは中央放送局に侵入し、サングラスをかけた朴正煕自ら、宿直勤務だったアナウンサーの朴鐘世に対して、以下のような「5・16革命公約」を放送させました。

親愛なる愛国同胞の皆さん！
隠忍自重してきた軍部は、いよいよ今朝未明を期して一斉に行動を開始して国家の行政、立法、司法の三権を完全に掌握し、引き続き軍事革命委員会を組織しました。軍部が決起したのは、腐敗した無能な現政権と既成政治家たちにこれ以上国家と民族の運命を任せておくことは出来ないと断定し、百尺竿頭《かんとう》で彷徨《ほうこう》する祖国の危機を克服するためです。

軍事革命委員会は、
一、反共を国是の第一とし、これまで形式的で、掛け声だけに留まっていた反共体制を再整備・強化するでしょう。
二、国連憲章を遵守し、国際協約を充実して履行し、米国をはじめとする自由友邦との紐帯を一層強固にするでしょう。
三、この国の社会のあらゆる不敗と旧悪を一掃し、頽廃した国民道義と民族正気を立て直すため、清新な気風を振興するでしょう。
四、絶望と飢餓の線上で喘ぐ民生苦を早急に解決し、国家自主経済建設に傾注するでしょう。
五、民族的宿願である国土統一のために、共産主義と対決することの出来る実力の培養に全力を集中するでしょう。
六、このような私達の課業が成就すれば、清新で良心的な政治家たちにいつでも政権を移譲し私達は本来の任務に復帰する用意があります。

愛国同胞の皆さん！

皆さんは本軍事革命委員会を全幅的に信頼し、動揺せず各員の職場と生業を平常通り維持してください。私達の祖国はこの瞬間から私達の希望による真新しく力強い歴史が創造されるのです。私達の祖国は、私達の団結と忍耐と勇気と前進を要求しています。

大韓民国万歳！

決起軍万歳！

＊訳文はウェブサイト「朝鮮労働党万歳！」の「南朝鮮 朴正煕傀儡一味－5・16革命公約」http://wsdprk.blogspot.com/2008/10/516.html より。なお、同サイトでは当時の音源も聞くことができます。

クーデターの発生を受けて、〝軍事政権〟を嫌ったアメリカは、16日午後、駐韓米軍司令官マグルーダが「米国は憲法に基づく民主政府を支持する」とラジオ放送し、張勉政権支持を表明。駐韓大使と第八軍司令官が尹潽善《ユンボソン》大統領（当時の韓国大統領は形式的な国家元首。張勉は大統領を補佐する国務総理として政権を運営していた）に対して鎮圧命令発動を迫りました。

しかし、党派対立から張勉の退陣を望んでいた尹大統領は「国軍同士が戦えば、ソウルは火の海になり、その間に北朝鮮が侵攻する」として、アメリカの勧告を拒否します。

これに対して、首相（国務総理）の張勉は、60万の兵力を動かす国軍最高司令官の立場にありながら、いちはやく首相官邸から逃亡し、ソウル市内の修道院に避難(張勉はカトリック信者)。韓国政府からの要請がなかったため、駐韓米軍はクーデター鎮圧のために出動することができませんでした。

16日午後、尹大統領はクーデター部隊が要求した戒厳令布告を承認。これを受けて、クーデター側は軍事革命委員会を組織し、議長には、クーデターの発生後もこれを黙認していた参謀総長の張都暎《チャンドヨン》が就任します。

そして翌17日、尹は「軍事革命委員会が政府機能を代行す

朴正熙

る」との声明を発表し、朴正煕支持の立場を公式に表明。これを受けて、18日、修道院に隠れていた張勉はようやく政府庁舎に姿を現し、内閣総辞職を発表しました。

こうしてクーデターは成功し、朴正煕の時代が幕を開けたのです。

日本のカネで高度経済成長を実現

四月革命の後に発足した民主党政権は、李承晩退陣後の新体制にふさわしい新たな「理」を国民に提示することなく、崩壊しました。このため、朴正煕は大韓民国としての新たな「理」を創出する必要に迫られます。

そのひとつの完成形となったのが、1962年12月26日に公布された第3共和国憲法です。

その前文の主要部分を抜粋すると、

「悠久の歴史と伝統に輝く私たち大韓国民は3・1運動の崇高な独立精神を継承して4・19義挙と5・16革命の理念に立脚して、新しい民主共和国を建設するに当たり、……（以前と同じため中略）……永遠に確保することを約束して、1948年7月12日に制定された憲法を今、国民投票によって改正する」

となっており、日本統治時代の3・1独立運動の意義は認めつつも、李承晩が初代大統領を務めた大韓民国臨時政府については無視されています。その上で、李承晩を退陣に追い込んだ〝4・19義挙（＝四月革命）〟と朴正熙が自ら主導した〝5・16革命〟が、新たな大韓民国の「理」となったことが宣言されました。

このことは、朴正熙の政権が、李承晩以前の朝鮮半島の歴史とは明確に一線を画していると宣言したにも等しいといってよいでしょう。

実際、１９６１年の「5・16革命」で政権を掌握した朴正熙は、政権掌握以前から、李承晩時代の反日路線を大幅に修正し、日本との国交正常化を実現する必要性を痛感していました。経済開発には「外資」が必要であり、そのためには、アメリカに次ぐ「大口の出資者」として、日本を引き寄せなければならない、と考えていたわけです。

朴正熙政権発足当初の韓国経済は、あいかわらず危機的な状況が続いていましたから、朴は政権掌握の直後から、上記の発想に基づき、日本との関係改善にむけて積極的に動き出しています。早くも１９６１年11月には、韓国の社会的な混乱が続くなか、訪米の途上で自ら日本に立ち寄り、当時の池田勇人首相と会談。日本との国交正常化に意欲を示しました。

国交正常化交渉の最大の難所は、いわゆる賠償問題でした。

李承晩の時代には、韓国側が自らを「対日戦勝国」として、戦争賠償金を求めたのに対して、日本側は「韓国は合法的に日本の領土であったのであり、韓国と日本が交戦状態にあったことはない」とした上で「韓国に対しては賠償を支払う義務はまったくない。むしろ、韓国独立に伴って放棄せざるを得なかった日本資産の補償を求める権利がある」と反論。両国の主張は平行線をたどっていました。

一方、とにかく日本からの資金援助が欲しい朴正熙は、賠償問題については、韓国側の「請求権」に応じ、無償経済協力3億ドル、政府借款2億ドル等を日本側が支払うという形式をとることで、大筋での決着にこぎつけます。当時の韓国の国家予算は約3・5億ドルなので、「請求権」によって得られた資金が、韓国にとっていかに巨額のものであったかよくわかります（日本からの経済援助は1965年6月に日韓基本条約が結ばれた時には11億ドルまで膨らんだ）。

ここで「賠償」ではなく「請求権」という語が用いられたのは、戦争による被害の賠償ではなく（そもそも、日本と韓国は戦争をしたことがないというのが国際社会の一般的な理解です）、植民地時代に累積した債権を韓国側が請求するということで政治決着がはかられたためでした。

これも、李承晩時代の「理」を否定しなければ不可能だった妥協です。

なお、この「請求権」のなかには、いわゆる従軍慰安婦を含め民間人への補償も、すべて含まれています。実際、解放後に死亡した者の遺族、傷痍軍人、被爆者、在日コリアンや在サハリン等の在外コリアン、元慰安婦らを補償対象から除外したのは、他ならぬ韓国政府です。

さて、こうした日本からの資金と、ベトナム戦争に派兵したことによって得られたアメリカからの経済援助をもとに、朴正煕政権は、道路やダム・工場の建設などインフラや企業に集中的な投資を行い、高度経済成長を実現しました。

有名な「漢江《ハンガン》の奇跡」です。

高速道路やインターチェンジは「漢江の奇跡」の象徴として、しばしば切手にも取り上げられますが、もとをただせば、実はそのかなりの部分が日本からの資金によるものだと言えます。

こうした経緯を踏まえれば、当時の韓国政府が日韓基本条約に伴って日本から得た資金を個人補償に使わなかったことは、大局的にみれば正しい判断だったと言えるでしょう。その判断の是非については、我が国がとやかく言うべき筋合いのものではありません。

ちなみに、日本が民主党政権時代の2010年7月7日、仙谷由人官房長官（当時）が記者会見を行い、日韓基本条約で韓国政府が日本の植民地統治をめぐる個人補償の請求権を放棄したことについて「法律的に正当性があると言って、それだけで物事は済むのか。（日韓関係の）改善方向に向けて政治的な方針をつくり、判断をしなければいけないという案件もあるのではないかという話もある」と述べ、政府として新たに個人補償を検討していく考えを示したことがありました。

韓国側から何らかの具体的な援助の要請があった上で、その是非について議論するならともかく、国際法上は完全に決着した個人補償の問題を、わざわざ日本側が蒸し返すというのもおかしな話です。また、日本側からこうした申し出をすること自体、韓国は国際条約を守る能力のない二流国家と見なしている侮辱行為ととられかねません。

〝詰め〟が甘かった日韓基本条約

ここで日韓基本条約に関する問題点についても確認しておきましょう。

日韓基本条約は、正式には「日本国と大韓民国との間の基本関係に関する条約」と言い、1965年6月22日、当時の佐藤栄作内閣と朴正熙政権との間で結ばれました。

同条約の主な内容は以下の通りです。

①両国間に外交・領事関係が開設され、大使級の外交使節が交換される（第1条）。

②1910年8月22日（＝日本による朝鮮統治の根拠となった「韓国併合ニ関スル条約」の調印日）以前に日本と大韓帝国の間で結ばれた条約等はすべて「もはや無効である」ことが確認される（第2条）。

③韓国は国連総会決議195号Ⅲに明らかに示されているとおりの朝鮮にある唯一の合法的な政府である（＝北朝鮮は正規の国家ではなく、朝鮮の北半部は彼らによって不法占拠されている）ことが確認される（第3条）。

④両国は相互の関係で国連憲章の原則を指針とする（第4条）。

⑤貿易、海運、その他の通商関係に関する条約等の締結のため、速やかに交渉を開始する（第5－6条）。

この日韓基本条約とともに、両国間で「漁業協定」、「財産および請求権に関する問題の解決並びに経済協力に関する協定」、「日本国に居住する大韓民国国民の法的地位及び待遇に関する日本国と大韓民国との間の協定（日韓法的地位協定）」、「文化財及び文化協力に関する協定」、「紛争解決に関する交換公文」など多くの合意が署名され、両国の関係は一応〝正常化〟されたことになります。

しかし一方で、同条約の基本的な理解に関して、日韓両国で異なっていることが当時からすでに問題視されていました。

すなわち、条約第2条の「もはや無効である」との文言に関して、日本側は「韓国併合条約は（それが締結された1910年の時点では合法であったが）日韓基本条約を結ぶことによって無効となった」と解釈していたのに対して、韓国側は、（基本条約が日本に対して譲歩しすぎている、南北分断を固定化するものだ、などといった韓国世論の反発をなだめるため）「併合条約そのものが（当初から）無効であった」と解釈し、国民にもそのように説明していました。

また、第3条の「朝鮮にある唯一の合法的な政府」との文言に関しても、韓国側は「軍事境界線以北を含む全朝鮮における正統政府であることを日本が承認した」と解釈し、国内でもそのように説明していました。一方、日本の外務省は「休戦ライン以北に事実上の政権があるということを念頭に置きながら今回の諸般の取り決めを行っています」と説明しており、「北鮮（ママ）に関する限りは全然触れていない」との立場をとっていました（第50回国会、衆議院「日本国と大韓民国との間の条約及び協定等に関する特別委員会」における椎名悦三郎外相の発言）。

当然のことながら、こうした基本的な部分での解釈の相違には、将来的に深刻な問題を種々生じる恐れがあるのではないかと強く懸念されていました。

しかし、当時の椎名悦三郎外相は「我々は韓国当局がどういう場合にどういう説明をしようと、あくまで条約の成分に従って解釈するものである」、「そういうことにあまり心を弄する必要はないものであるという基本的な立場」を取っていると応じ、日本国内の慎重論ないしは反対論を押し切ったのです。

もちろん、韓国併合条約は、常識的に考えれば、それが締結された1910年時点では国際法上の瑕疵《かし》がない合法なものでした。それゆえ、同条約そのものが当初から無効だったという韓国側の認識には無理があります。そもそも、第二次世界大戦後の国際社会が韓国を「戦勝国」として扱わず、サンフランシスコ講和会議への参加も認めなかったことが、そのことを何よりも雄弁に物語っています。

しかし、「韓国併合条約そのものが当初から無効だった」という韓国側の認識を、日韓基本条約の時点で完全に否定しておかなかったことが、その後、韓国が植民地支配に対する謝罪と賠償を要求し続ける一因となったという面は否定できません。

彼らがそうした認識に立つ限り、「そもそも日本による朝鮮統治そのものが無効である→朝鮮総督府によるすべての政策には根拠がない→日本統治下で朝鮮人が強《し》いられた負担は不法なものであった」とのロジックが導き出されることになるからです。

もちろん、歴史をめぐる韓国側の無理筋な主張は明確に否定すべきですが、日本側にも、彼らにそうした主張をさせる余地を残す〝詰めの甘さ〟があったことは十分に反省しなければいけません。

「優秀な独裁者」としての朴正熙

1961年に軍事政権として発足した朴正熙政権は、1963年に民政へと移行しています。すなわち、朴正熙が選挙を経て大統領に就任したことで、形としては大統領制になったわけですが、実態は軍事独裁政権のままでした。

先に見た朴正熙の日韓交渉は、正規の外交ルートに乗せられることなく、軍政期間中に、韓国の国民世論をいっさい斟酌《しんしゃく》することなく行われていました。そのため、多くの一般国民から、国交正常化交渉の経緯に対して疑問を持たれるようになります。当時、朴正熙が選挙資金として日本から2000万ドルを受け取ったとの噂も流布《るふ》しました。

さらに、1963年に民政が復活し、交渉が大詰めを迎えた1964年になると、野党側は政府の姿勢を「対日屈辱外交」であるときめつけ、大規模な反対運動を展開。この反対運動は、当初、政府の対日姿勢を糾弾するものでしたが、次第に学生運動を吸収して急進化し、1964年5月以降、「朴政権下野」を公然と掲げる反政府運動に転換していきました。

また、6月3日、学生デモが「朴政権打倒」を掲げるようになると、ついに政府は非常戒厳令を発し、デモ隊を鎮圧。非常戒厳令は、国会の請求で7月28日に解除されましたが、その後も、日韓条約反対の運動は続けられています。

先に見た朴正煕政権による日韓国交正常化は、こうした反対派勢力の声を排除しながら、ようやく実現したものでした。これに続く1960年代後半からの「漢江の奇跡」も、経済発展を最優先し、大統領と政府の強烈なイニシアティブの下、異論や批判を排除してでも強引に政策を推し進める、いわゆる「開発独裁」の典型例です。

1970年代に入ると、朴正煕政権は民主派勢力を弾圧しながら独裁体制をさらに強化し、大統領に3選した翌年の1972年10月には、憲法を改正して新たに「維新憲法」を制定。大統領に権限を集中させる「維新体制」をつくり上げました（10月維新）。そもそも、大統領の3選は憲法上認められていなかったのですが、これも朴正煕が1969年に憲法を改正して3選を可能にしています（3選改憲）。

「保守」が「革新」になる捻れ構造の誕生

ところで、10月維新の後、朴正熙は「維新憲法」と呼ばれる新憲法を制定しました。「維新憲法」の前文に記された、新たな「理」は次の通りです。

悠久の歴史と伝統に輝く私たち大韓国民は3・1運動の崇高な独立精神4・19義挙と5・16革命の理念を継承し、祖国の平和的統一の歴史的使命に立脚して、自由民主的基本秩序をさらに強固なものにする新しい民主共和国を建設するにあたり、政治・経済・社会・文化のすべての領域において各人の機会を均等にして能力を最高度に発揮するようにし、責任と義務を果たすようにして、内には国民生活の均等な向上を期し、外には恒久的な世界平和に貢献することで、私たちと私たちの子孫の安全と自由と幸福を永遠に確保することを約束しながら、1948年7月12日に制定され、1962年12月26日に改正された憲法を今国民投票によって改正する。

3・1独立運動と4・19義挙、5・16革命を国家の原点としているところは、1963年の第3共和国憲法と同じですが、それに加えて注目したいのは、朴正熙が新たな体制を「維新体制」と称していた点です。

日本では「明治維新」で知られる「維新」の語は、もともとは、『詩経』大雅・文王の「維《こ》れ新《あらた》なり」が出典で、本来は「すべてが改まって新しくなること」の意味です。明治維新は、当時、〝御一新〟とも呼ばれましたが、この表現は維新という語の本来の意味に近いものです。ところが、「(明治)維新」の語を英文に訳すと、「王政復古」の変革という意味で、〝Restoration〟の語がつかわれています。この〝Restoration〟は、「元の状態に戻す」ことの意味で、回復とか復旧の訳語があてられるのが一般的ですから、〝Meiji Restoration〟は、本来は、政治用語としての「(明治の)王政復古」を意味しています。明治維新の場合は、王政復古こそが徳川幕藩体制を一新するものであったわけですが、維新の本来の意味である「革新、一新」と〝Restoration〟は、もともとはまったく逆の意味です。

朴正熙の維新体制が、明治維新をイメージしていたことは事実ですが、彼の意味する「維新」は明らかに「一新」の意味で、「漢江の奇跡」と呼ばれた高度経済成長を完成させることによって、大韓民国にとっての新たな「理」の起点をつくろうという意欲を読み取ることができます。

その一方で、このことは、外部世界から見た現代韓国のわかりづらさの一因にもなっているのではないかと思います。

すなわち、世界的な政治的スタンスの分類に従えば、朴正熙は明確な保守派ですが、朝鮮半島の歴史的な文脈に位置付けると、彼の目指すところはラジカルな〝革新〟になるからです。そして、彼以降の韓国で「保守派」と呼ばれている人たちが、基本的には、朝鮮半島の思想史的な文脈では〝革新〟になり、それに反対する人たち、すなわち、世界的にみると「革新」ないしは「リベラル」に分類される人たちが、朝鮮半島の思想史的な文脈では革新を嫌う〝保守〟になるという、保守と革新の概念が、他の西側世界とは真逆になる捻じれた構造が生まれることになったのです（用語が混乱してわかりづらいので、以下、世界標準の保守と革新を「保守」「革新」、朝鮮の文脈でのそれを〝保守〟〝革新〟と記すことにします）。

また、少し別の角度からも説明してみましょう。

現在の大韓民国が、朝鮮の歴史が始まって以来、最も繁栄した国であることは誰にも否定できません。

彼らがその成功を勝ち得たのは、南北分断によって、北朝鮮という国を挟んで、中国大陸と「絶縁」し、その巨大な影響力、あるいはくびきから自由になったことが非常に大きな要因の一つといってよいと思います。

歴史的に見ると、朝鮮半島は常に中国中央政府の脅威にさらされてきました。その千数百年に及ぶ歴史に比べると、海からの「侵略者」日本による植民地統治はわずか36年しかありません。それでも、彼らにとって「不愉快な記憶」として語り継がれているのは日本統治時代のほうです。その理由は、歴史的に直近の出来事であるということもさることながら、中国の影響で彼らの脳内に染み付いた華夷秩序に照らして、日本は自分たちよりも劣っていた（いる）という暗黙の世界観があるとの指摘もしばしば行われています。

ところが、第二次世界大戦後、朝鮮は南北に分断され、韓国は敵国としての北朝鮮を挟んで中国から地理的に切り離されました。これにより、好むと好まざるとにかかわらず、大陸ではなく海洋方面に目を向けて、日本やアメリカという「華夷秩序の外の近代的な世界」で生きていかざるを得なくなったわけです。

その結果、伝統的な華夷秩序の意識が国民の精神構造から払拭されたわけではないにせよ、国家としては、中国の影響下から脱し、東西冷戦という国際環境に対応して、より実利的・合理的な判断が可能となりました。朝鮮王朝の王族に連なる李承晩自身は、伝統的な価値観の要素をかなり色濃く残しており、かつての中国王朝の代替として米国の権威を利用しました。

長年にわたって米国など、外国暮らしが長く、国内の政権基盤が弱かった李は、そのことを逆手に取って、解放後間もない韓国人に対して、自分が米国から最も信頼されている人物であるとのイメージをつくり出すことに成功し、権力を掌握しました。ちょうど、歴代の朝鮮王が(少なくとも形式上は)中華皇帝によって朝鮮の王として任じられたということを支配の正当性の根拠としていたのとパラレルな構図です。この時点では、伝統的な華夷秩序のなかでの日本と韓国の序列のイメージは根強く残っています。

その李承晩を乗り越える形で成立した朴正熙は、自らが日本の陸軍士官学校で教育を受け、日本軍や関東軍で軍人として勤務した経験から、李承晩には残存していた華夷秩序のイメージからも解放され、国益という観点から是々非々で自由に考えることが可能でした。

ここで初めて、日米の支援を受けて「漢江の奇跡」と呼ばれる高度経済成長を実現することが可能になり、そうした経済成長の結果、先進国の一角に加わることこそが、朴正熙にとっての新たな「理」の創出になるわけです。

これに対して、韓国の民主化闘争の中軸を担っていた左翼運動の本質は、ある意味で、そうした朴正熙的な〝革新〟に異議を唱えるものでした。

いいかえるなら、朴正熙らによって「ゆがめられた」(と彼らが認識する)国家のあり方を、「元のあるべき姿」に戻すこと、これこそが、正しい行いだと彼らは考えたのです。

非常に単純化して言うと、1948年に成立した「半島南半部のみ」を領土とする「大韓民国」という枠組みを否定し、朝鮮としての一体性を保持することこそが、朝鮮半島の伝統的な価値観に基づく正当な行為だということになります。ようするに、「北朝鮮と切り離された大韓民国など認められるか！」というわけです。

こうした姿勢は、〝結果的に〟北朝鮮に宥和《ゆうわ》的な「従北」につながっていきます。そして、北朝鮮の側には、そうした彼らを引き付ける「理」があるところが、話をさらにややこしくしています。

「主体思想」の魔力

北朝鮮の国家イデオロギーとなっている主体思想は、現在では、金日成に始まる〝金王朝〟の支配の正統性、いいかえれば、金一族の存在が北朝鮮国家の「理」であるという、一種のカルト宗教的な色彩の濃いイデオロギーですが、そもそもの出発点は、金日成への個人崇拝とはまったく無関係のところから始まっています。

もともと、朝鮮語の「主体」は、「客体」の対義語ではなく、「事大（大国におもねること）」

の対義語で、自主独立に近い意味です。その点では、朴正熙の韓国は、日米に対して事大を徹底したことで、漢江の奇跡を達成したともいえるわけです。

北朝鮮当局によれば、主体思想のルーツは、1930年に金日成（北朝鮮側の主張が正しければ当時18歳）が発表した「朝鮮革命の進路」（ソ連や中国の経験を機械的に朝鮮の抗日革命に適用しようとすることを時代主義・教条主義として批判し、朝鮮の問題は朝鮮人自ら朝鮮の実情に合わせて自主的に解決すべきと主張したとされる内容）とされていますが、さすがに、これは客観的な歴史的事実とはいいがたいものがあります。

ただし、満洲を経てシベリアに逃れた金日成は、中国共産党の東北抗日聯軍の一員としてソ連軍の指導下で軍事訓練を受けており、中国やソ連との軋轢《あつれき》、指導権の争いなどを通じて、朝鮮の自主性が重要であることを痛感していたのはおそらく事実だろうと思われます。

1948年の北朝鮮建国後、金日成が「主体」という語を公式に用いたのは、1955年12月の「思想事業で教条主義と形式主義を退治して主体を確立することについて」との演説が最

金日成を称えるプロパガンダポスター

初でした。

この時期、1953年に休戦した朝鮮戦争の戦後復興をめぐり、国際分業と軽工業優先を主張するソ連派（ソ連出身でソ連軍人として北朝鮮に進駐してきたグループ。親ソ派）・延安派（中国共産党とともに国共内戦を戦い、北朝鮮に帰国したグループ。親中派）と、重工業優先路線を掲げる金日成らとの権力闘争が展開され、最終的に金日成はソ連派・延安派を粛清しました。1955年の同演説はソ連でも中国でもない朝鮮の「主体」を確立することを主張したものです。

1956年以降、ソ連が対米宥和路線に転じると、それを良しとしない中国との間で中ソ対立が発生します。これに対して、北朝鮮は中ソどちらかに与《くみ》するのではなく、両国から等距離を取って独自路線を歩むため、自主独立という意味での「主体」を強調するようになりました。

1965年4月、金日成はインドネシアのアリ・アルハム社会科学院で講演を行い、「思想における主体、政治における自主、経済における自立、国防における自衛――これが、我が党が堅持している立場」であると語り、これが主体思想であると初めて公言。翌1966年10月には朝鮮労働党代表者会議において、ソ連の修正主義と中国の教条主義を公式に批判し、独自路線を歩むことを宣言しました。

1967年に採択された「朝鮮民主主義人民共和国政府綱領」では、その第一項で「党の主体思想は革命と建設を遂行するための最も正確なマルクス・レーニン主義的指導思想であり、共和国政府の全ての政策と活動の確固不動の指針」であると規定され、（マルクス・主義的との形容句がつけられているとはいえ）金日成の唱える主体思想が北朝鮮国家のイデオロギーとして確定します。

その後、1970年11月の朝鮮労働党大会で、金日成は「主体性を確立するということは（中略）他国への依頼心を捨て、自分の頭で考え、自分の力を信じ、自力更生の革命精神を発揮して自分の問題はあくまでも自分自身が責任をもって解決していく自主的な立場を堅持すること」と報告。これを受けて、金正日《キムジョンイル》を名目上の責任者とする朝鮮労働党の思想担当部門（事実上の責任者は黄長燁《ファンジャンヨプ》）が、朝鮮の神話や伝統的価値観を取り込み、主体思想を宗教思想化していきます。

その内容をざっくり要約すると、

人間の肉体的生命は動物と変わらないが、革命家はこれとは別に自主的な「社会政治的生命体」を持たねばならない（社会政治的生命体論）。

国家は、首領（＝金日成）を脳髄、党を神経とし人民を手足とする三位一体の有機体である。

というものでした。

この後段の社会的政治生命体論や国家有機体説は、金一族の個人崇拝という北朝鮮国家にとっての「理」の根拠になるロジックですが、その前段にあたる「主体」の概念は、韓国の反体制派が、朴正熙とその後の韓国保守派を、朝鮮の伝統や独自性を軽視し、日米に阿《おもね》る「事大主義」と批判する上で、彼らにとっての「理」として読み替え可能なものでもありました。

こうして、韓国では、〝保守〟と〝革新〟が外部世界とは逆転したまま、朴正熙とその後の保守派を批判する人たちが、朝鮮半島の伝統的な価値観に寄り添いながら「親北（に見える）」言動を展開していくという歪《いびつ》な構造がつくられていったのです。

情報部のトップが大統領を暗殺

いずれにせよ、朴正熙政権には、極めて権威主義的な独裁という側面があった一方、韓国に驚異の経済成長をもたらした功績は、そうしたマイナス面を補って余りあるものがあると思います。

1978年12月27日、朴正熙が維新体制における2期目の大統領に就任しましたが、国内情勢は翌1979年夏以降、急速に混迷の度を深めていくことになります。

発端は、野党の新民党内の混乱でした。

維新体制時代の新民党は、反政府の強硬路線を主張する金泳三《キムヨンサム》ら主流派と、「政権参加の下での改革」を主張し、与党との対話と協力を通じての現実的闘争を基本戦略として掲げる李《イ》哲承《チョルスン》ら非主流派が激しく対立していました。

1978年12月、2期目の朴正熙・維新体制が与党の圧倒的優位の下、盤石の体制でスタートすると、李の穏健路線は主流派から激しい批判を浴び、1979年5月の党大会では、金泳三が総裁に就任。民主化を要求する「鮮明野党」として、政府との対決姿勢をあらわにします。

ところが、こうした「鮮明野党」路線に不満な党内非主流派は、同年8月、金泳三の党総裁当選無効を主張して、党執行部の職務停止の仮処分申請をソウル民事地方裁判所に提訴。ソウル民事地方裁判所がこれを認める決定を下すと、金泳三はこれを与党の陰謀として非難し、政府・与党と金の関係は一挙に緊張しました。

さらに、9月10日、金泳三がニューヨーク・タイムズ記者との会見で、「アメリカ政府は朴正熙政権への支持を中止するよう要請する」と発言したことが政治問題化し、10月4日、与党が多数を占める国会は金を除名。野党総裁の除名という前代未聞の事態に対して、新民党は所属議員全員の登院拒否を決議し、国会は機能不全に陥ります。

そして、10月16日、金泳三の地元である釜山では、学生たちを中心として大規模な反政府デモが発生。デモは次第に過激化し、市内は暴動状態となりました。いわゆる「釜山騒擾」です。

政府は、18日に釜山市一帯に非常戒厳令を布告して暴動を鎮圧しようとしましたが、20日には反政府暴動が馬山にも波及し、政局は一挙に不安定化しました。

金泳三

アメリカは政権交代をも視野に入れた事態の収拾を目指し、ウィリアム・グラスティーン駐韓大使が政府・与党関係者と会談。26日には、ポスト朴体制をにらんで、金泳三とも会談しました。ところが、まさにその10月26日、朴正熙が、中央情報部長の金載圭《キムジェギュ》によって射殺されてしまったのです。

事件は、大統領の側近であった金載圭と、同じく側近で大統領警護室長の車智澈《チャジチル》との権力闘争によるものでした。すなわち、釜山・馬山の反政府デモの責任を追及され、大統領の信任が薄れていくことを怖れた金載圭が、大統領もろとも、ライバルの車智澈を暗殺したというわけです。

事件後、金載圭とその部下たちは直ちに逮捕され、1人を除き、1980年3月に全員が処刑されました。

また、朴正熙の死を受けて、憲法の規定にもとづき、崔圭夏《チェギュハ》国務総理が大統領代行に就任。崔は1979年10月27日午前4時を期して、済州島を除く韓国全土に非常戒厳令を布告し、鄭昇和陸軍参謀総長が戒厳司令官に就任しました。

1961年5月16日の軍事クーデター以来、18年の長きにわたった朴正熙時代は、こうして突如幕を閉じることになったのです。

文民大統領では混乱を収められない

朴正熙の死後、大統領権限代行に就任した崔圭夏《チェギュハ》は、朴のような軍人出身の政治家ではなく、実務派官僚タイプの文民でした。

朴正熙の死去に伴う第10代大統領選挙は、1979年12月6日、維新憲法の規定に従って統一主体国民会議で行われ、大統領権限代行の崔が正規の大統領に選出されました。

当選の翌日、崔は、維新体制下で国民の政治的自由を大きく制限していた大統領緊急措置第

9号を解除することを国務会議に提案。これが会議を通過し、12月18日、緊急措置第9号は4年半ぶりに解除されることになります。

崔は、急激な体制変革ではなく、いわば「ソフトランディング」路線で維新体制を解体していこうと考えていました。

ところが、長年にわたり、朴正熙の独裁体制の下で政治的自由を制限されてきた国民の目からすれば、そんな崔の姿勢はいかにも微温的なものに映ったようです。

当然、急進的な民主化の要求が高まり、その過程で学生運動も過激化していきました。年が明けて1980年に入ると、韓国各地で騒擾事件が相次ぐようになります。

こうした混乱に対して、文民大統領の崔は、朴正熙のような強硬姿勢を取ることができませんでした。

そして、それは結果的に「秩序の回復」を主張する軍の介入を招くことになり、再び軍部によるクーデター——しかも朴正熙の直系筋の軍人・全斗煥《チョンドゥファン》による権力奪取への道を開くことになります。

崔圭夏

軍と情報部を掌握し、邪魔者を排除

全斗煥は、旧日本軍のエリートに多かった官僚タイプの軍人ではなく、アメリカに留学して特殊部隊の訓練などを経験している本格的な武闘派の軍人です。

1961年、朴正熙による「5・16革命」のクーデターが発生すると、早々に支持を表明。朴正熙が政権を掌握すると最高会議議長（＝朴正熙）秘書官に任命され、出世の糸口をつかみます。

その後、韓国がベトナム戦争に派兵すると、第9師団第29連隊長として出征。帰国後の1969年、特戦団司令部が創設されると、第一空挺旅団長となり、1979年、国軍保安司令官に任命されました。やはり官僚というよりは、本格的な武闘派軍人としてのルートで出世していったわけです。

さて、1979年10月26日、朴正熙暗殺事件が起きると、全斗煥は、事件後の非常戒厳令下で保安司令官として捜査の陣頭指揮を執り、暗殺犯の金載圭を逮捕します。

さらに、12月12日には、軍内の中堅将校で組織される一心会を率いて「粛軍クーデター」を敢行。崔圭夏大統領の裁可なしに国軍トップの鄭昇和陸軍参謀総長を逮捕し、陸軍本部を制圧しました。

軍の実権を掌握した全斗煥は、翌1980年4月、保安司令官のまま中央情報部長代理に就任し、国軍の上級幹部たちを次々に退役に追い込んでいきます。ようするに、軍と情報部を握り、自分たちより上の立場の人間を次々と排除して、権力の座に駆け上がっていったわけです。

そして、5月17日には、朴正煕の死後、急進化・過激化していた民主化運動を抑えるために、全軍主要指揮官会議を招集し、「秩序の回復」に向けて国会解散・国家保衛非常機構の設置・非常戒厳令の全国拡大を崔大統領に要求。一方、崔は全斗煥らの要求に抵抗できず、翌18日、全国非常戒厳令公布を公布します。

これにより、すべての政治活動が禁止され、大学は無期限休校。金大中《キムデジュン》・文益煥《ムンイクファン》・金東吉《キムドンギル》などの左派系の民主活動家が逮捕され、金鍾泌《キムジョンピル》(前共和党総裁・元国務総理)・李厚洛《イフラク》(元中央情報部長)・朴鐘圭《パクチョンギュ》(元大統領警護室長)・金泳三といった大物たちも軟禁されました。

これに対して、5月18日、金大中逮捕に抗議する数十万人が光州で大規模な抗議行動を起こすと、軍部は空輪第二旅団1200人を投入してデモを弾圧。以後、5月27日に戒厳軍

全斗煥 ©ZUMA Press／アフロ

が光州市内に突入するまでの10日間、光州市内では激しい市街戦が展開されることになりました。全羅南道の道庁舎をめぐる戦闘では、庁舎に立てこもっていた市民、少なくとも200人が死亡し、2000人が負傷したと言われています。これが悪名高い「光州事件」です。

お膳立てが整った上で全斗煥が大統領に就任

光州事件を通じて、全斗煥は、軍と政府における最高実力者としての地位を実質的に確保することに成功しました。

5月31日、行政・司法の全般にわたって指揮・監督・統制・調整を行う国家保衛非常対策委員会（以下、国保委）が設置されると、全斗煥はその常任委員会委員長に就任します。

国保委は、本来、非常戒厳下で国家を保衛するための国策事項を審議し・議決するとともに、大統領の諮問に応じて、大統領を補佐するための機関です。重要閣僚10名、軍幹部14名の計24名で構成され、行政・司法の全般にわたって指揮・監督・統制・調整の機能を持っており、実質的には国政の最高機関となっていました。

その中核を担っていたのが常任委員会で、中央情報部長代理だった全斗煥は、大統領の崔圭夏からその委員長に任じられます。こうして全斗煥の権力は制度的にも担保されることになりました。

6月13日、国保委は「権力型不正蓄財者への処罰」という形式をとって、金鐘泌や李厚洛など、朴政権時代の実力者たちを相次いでパージしていきます。すでに、金大中ら民主運動家は、5月17日の非常戒厳令の布告と同時に、内乱陰謀を企てたとして逮捕されていました。これにより、全斗煥が大統領に就任する上での障害は完全に除去されたことになります。

金大中

こうした経緯を経て、8月5日、大将に昇格した全斗煥は「困難な国運を切り開き、福祉国家を子孫に残すべきだ」と演説し、政界進出への意欲を正式に表明しました。

これに対して、8日には、在韓米軍の司令官ウィッカムが「全斗煥将軍が大統領に就任した場合、アメリカはこれを支持する用意がある」と発言。さらに、16日、現職大統領の崔が「この国における平和的な政権交代の模範を示すため、大統領を辞任する」として辞任表明を余儀なくされ、21日には「全斗煥国保委常任委員長の大統領就任を支持する」との声明を発表します。

こうしてすべてのお膳立てが整ったところで全斗煥は軍を退役し、27日の統一主体国民会議による大統領選挙によって、正式に第11代大統領に選出。9月1日、大統領に就任しました。新大統領に就任した全斗煥は、政治風土の刷新、世代交代、韓国的民主主義や社会浄化を掲げ、9月29日、政府法制処作成の憲法草案を公示します。

その主なポイントは、①大統領の任期は1期7年（再選は禁止）、②大統領制が基本だが、独裁を防ぐため、大統領の国会議員推薦権は廃止、③大統領による非常措置権の発動を制限、④国政諮問会議の新設、⑤選挙人団による大統領間接選挙制の導入、⑥平和統一諮問会議の新設、⑦国会による国勢調査権の確保、⑧刑法の連座制の廃止、⑨裁判官の独立性の保障、⑩憲法改正は国民投票によって確定するものとする、という点にありました。

この憲法改正案の賛否を問う国民投票は10月22日に実施され、投票率95・5％のうち91・6％の賛成票を得て新憲法は可決。5日後の10月27日から施行され、朴正熙の維新体制（第4共和制）に代わる第5共和国が発足しました。

第5共和国憲法の前文は「悠久の歴史と伝統に輝く私たち大韓国民は3・1運動の崇高な理念を継承し」との文言で始まり、その後は以前の憲法と同文が続きますが、朴正熙時代に言及のあった「4・19義挙」と「5・16革命」の文言はなく（後に、「4・19義挙」は復活しますが）、朴正熙時代の「理」が否定されています。

ちなみに、韓国の政体は国の体制を大きく変えた憲法改正のタイミングに基づき第1～6共和国に区分されています。1948年8月の建国から1960年の4月革命で李承晩政権が崩壊するまでが第1共和国、短命だったものの張勉政権の時期が第2共和国、朴正熙政権の維新体制以前が第3共和国、維新以後が第4共和国、そして、全斗煥政権の第5共和国を経て、民主化以降の現在は第6共和国です。

日本を目標に経済再建

軍事クーデターから光州事件にいたる流れを見てもわかるように、全斗煥にも、朴正熙と同様、独裁者としてのマイナスの側面があります。特に、全斗煥政権は、その成立過程で、粛軍クーデターのみならず、光州事件を起こして多くの国民が犠牲になりましたから、朝鮮半島の伝統的価値観からすると、朴正熙以上に「理」のない政権という評価になります。

「理」の価値観では、「終わりよければすべてよし」ではなく、「始まりが悪ならすべて悪」なのです。これでは、本来、結果責任を問われるべき政治家や政権についての評価は歪なものにならざるを得ません。

実際、外部世界から客観的にみると、全斗煥にも、朴正熙と同様に「開発独裁」の功績、プラスの面が少なからずあります。

大統領就任後、全斗煥は、朴正熙暗殺後の混乱で、経済成長率マイナス4・8％、物価上昇率42・3％、貿易赤字44億ドルという苦境に陥っていた韓国経済の再建を最優先課題に位置づけました。

そこで、全斗煥政権が掲げたのが「国民総生産600億ドルを目指し、日本から学んで、日本に追いつこう」というキャッチフレーズです。

1981年8月15日の光復節（朝鮮が日本の支配から解放されたことを祝う日。北朝鮮では解放記念日）記念式典では全斗煥が「我々は国を失った民族の恥辱をめぐり、日本の帝国主義を責めるべきではなく、当時の情勢、国内的な団結、国力の弱さなど、我々自らの責任を厳しく自責する姿勢が必要である」と演説し、日本でも注目されました。もちろん、反対派からすると、こうした全の姿勢は〝唾棄《だき》すべき事大主義〟というネガティヴな評価になります。

また、全斗煥は、1984年には戦後の韓国元首として初めて日本を訪れ、昭和天皇との晩餐会に出席しています。同年9月6日、出発に先立ち、全斗煥は金浦空港で次のように演説しました。

「韓日間には不幸な歴史があり、忘れがたい痛手が我々の心のそこに残っていることも、私はよく承知している。しかし、今は未来のため前進すべき時であり、いつまでも過去にとらわれて前進を拒むべきではない……韓日両国の関係はいまや新しい時代に入ったのである……このような新しい幕開けのため、日本訪問を決意した」

また、全斗煥政権が、韓国の政治的・社会的混乱とそれに伴う経済低迷を一挙に解決するための〝秘策〟として心血を注いできたのが、「ソウル五輪招致」です。1981年9月30日、西ドイツ（当時）のバーデンバーデンで開催されたIOC総会では、決戦投票の末、52対27でソウルが最有力候補と目されていた名古屋を下して五輪の開催地となりました。

こうして全斗煥は、日本との連携に加え、1988年のソウル五輪の招致成功と、それに伴う大規模なインフラ整備などにより、経済の活性化に成功します。

1987年には、経済成長率は12・8％、物価上昇率0・5％、貿易黒字は114億ドル、国民一人当たりGNPは3098ドル、国民総生産は1284億ドルと、韓国経済を大きく成長させました。

軍事独裁政権の終わりと民主化の始まり

経済政策で成功した反面、全斗煥政権は、反政府活動の取り締まりを強化し、主要メディアを徹底的に統制しています。全斗煥の大統領在任中、テレビでは、政権批判を一切許しませんでした。

ところが、1987年1月14日、街頭デモで逮捕されたソウル大学生の朴鐘哲《パクジョンチョル》が、有罪判決を受けて執行猶予中で手配中の友人の居所について警察の取調べを受け、取調べ中に拷問で死亡する事件が発生したことをきっかけに風向きが変わります。

警察当局が事件を隠蔽しようとしたことが露見すると、野党は、これを"軍事独裁体制"の強権支配を象徴するものとして糾弾。事件に対する抗議活動は、やがて大統領の直接選挙を求める民主化運動と結びつきました。

ソウル五輪を前に、国際世論の批判を恐れた全斗煥は、民主化運動を力で抑え込むことができず、6月10日、大統領の後継候補として腹心の盧泰愚《ノテウ》を指名します。大統領直接選挙の実施は否定したものの、従来の大統領とは異なり、自らは1期で退陣することを明らかにして事態の沈静化をはかりました。

しかし、民主派は納得しません。翌11日に韓国全土で行われたデモには、延べ70万人が参加。1万数千人が警察に連行されました。そして、民主化運動は6月26日にピークに達し、全国37都市で１８０万人が参加する国民平和大行進が行われたのです。

これを受けて、さすがの全斗煥も戒厳令の施行を断念します。与党の大統領候補となった盧泰愚は、6月29日、「国民大和合と偉大なる国家への前進のための特別宣言」（6・29民主化宣言）を発し、与党の政治家として大統領直接選挙制と言論の自由化を提案。7月1日、全斗煥がこの提案を受け入れたことで、韓国は民主化に向けて大きく動き出すことになりました。

この民主化宣言を受けて、与野党で憲法改正作業が進められ、10月29日に第6共和国憲法が公布。12月16日には、国民による直接選挙で盧泰愚が大統領に選ばれました。そして、翌１９８８年2月25日、盧泰愚が第13代大統領に就任したことで、今日に続く第6共和国が正式に成立。こうして軍事独裁政権の時代が終わり、韓国の民主化が実現したというわけです。

なお、現在の大韓民国の「理」を説明する第6共和国憲法

盧泰愚

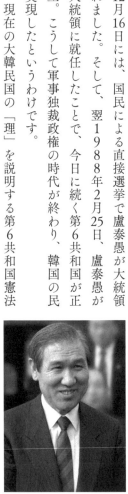

の前文は、以下のようになっています。

悠久の歴史と伝統に輝く私たち大韓国民は3・1運動で建立された大韓民国臨時政府の法統と不義に抵抗した4・19民主理念を継承し、祖国の民主改革と平和的統一の使命に立脚して正義・人道と同胞愛により民族の団結を強固にし、すべての社会的弊習と不義を打破し、自律と調和をもとに自由民主的基本秩序をより強固なものして政治・経済・社会・文化のすべての領域において各人の機会を均等にし、能力を最高度に発揮するようにして、自由と権利に伴う責任と義務を果たすようにし、内には国民生活の均等な向上を期し、外には恒久的な世界平和と人類共栄に貢献することで、私たちと私たちの子孫の安全と自由と幸福を永遠に確保することを約束しながら、1948年7月12日に制定され、8回に渡って改正された憲法を今、国会の議決を経て、国民投票によって改正する。

第6共和国では、1987年の民主化を正当化するため、第5共和国以前の軍事政権時代、特に、朴正煕と全斗煥の時代を否定することが「理」となりました。その結果、軍事政権時代には否定されていた「大韓民国臨時政府」が憲法の文言として復活します。

こうしてつくられた彼らの歴史像は、1919年の大韓民国臨時政府の理想が、日本の植民地支配と朴正熙・全斗煥の軍事政権という長年の暗黒時代を経て、ようやく1987年にあるべき姿として実を結んだというイメージになります。

その結果、軍事政権（世界的には保守派と認定されるが、韓国では事大主義の〝革新〟勢力と認定）の否定という「理」に拠って立つ以上、民主化勢力とその後継者たち（世界的には左派リベラルに認定されるが、韓国では伝統的な世界観に近い勢力）は北朝鮮の対南工作に対しても寛容な姿勢を示すようになります。ただし、北朝鮮の主体思想そのものは、金一族の支配を「理」とする、一種のカルト宗教のようなものですから、彼らは次第に北朝鮮とも乖離《かいり》した独自の左派民族主義へと変化していくことになるのですが……。

ソウル五輪の成功と慰安婦問題

1987年の韓国の民主化は、翌88年にソウル五輪を控えていたからこそ実現したという面が大きかったことは以前にお話しした通りです。

そのソウル五輪では、南北の体制間競争としては、韓国が北朝鮮を完全に圧倒していることが全世界、誰の目にも明らかになりました。

ところが、ここで韓国社会は重大な矛盾を突き付けられることになります。

すなわち、1987年の民主化によって、軍事政権時代の「理」は完全に否定されてしまったわけですが、現実の問題として、ソウル五輪の開催にこぎつけ、韓国が曲がりなりにも「先進国」としての一角を占めるにいたったのは、その朴と全の最大の功績である経済成長のおかげであったことも厳然たる事実です。「理」が正しくなければ、正しい社会は生まれることがないという理気二元論の発想からすると、軍事政権という誤った「理」から、経済成長という「正しい結果」が出てくるというのは、あってはならない大矛盾です。

一方、北朝鮮では、1980年代も半ばになると、金日成から金正日への権力の世襲化が完成の域に近づいていきます。

その過程で、カルト宗教的な色彩を強めていった主体思想には、金王朝の正当化を主張するための神話が盛り込まれるようになりましたが、そこには、「理」が溢れていました。

たとえば、1937年、青年時代の金日成（当時は本名の金成柱を名乗っていました）と彼の仲間たちは、朝鮮と満洲国の国境地帯、咸鏡南道（現在の北朝鮮の行政区分では両江道）の甲山郡普天面保田里（普天堡《ふてんほ》）で駐在所を襲撃。駐在所から武器弾薬を奪った後、面事務所（村役場）や郵便局も襲って書類に火を放っただけでなく、近隣の商店と住宅も襲撃し、現金合計4000円を奪って逃走しました。

これが、いわゆる普天堡事件とよばれているもので、文献記録で確認できる限り、「金日成」と日本の官憲との唯一の直接の戦闘です。

北朝鮮当局は、この戦闘を若き「首領様」の最大の業績として盛んに喧伝していますが、実際の事件の概要は、単なる強盗・放火・殺人事件です。しかも、朝鮮解放のための抗日の戦いという美辞麗句とは裏腹に、事件によって、朝鮮人の商店・住宅や地元の小学校も少なからず被害に遭っており、当時の朝鮮人にしてみれば「ありがた迷惑」以外のなにものでもなかったといえましょう。

しかし、ともかくも日本の官憲と実際に戦闘を行ったという「実績」がある以上、北朝鮮側は、金日成が日本帝国主義を打倒して朝鮮民主主義人民共和国を建国したという物語を主張することができます。もちろん、北朝鮮側は、それ以外にも針小棒大に誇張した金日成らの「抗日活動」を盛んに言いつのっており、その多くが客観的な歴史的事実としては認定しがたいものであることはいうまでもありません。それでも、金日成が実際に日本と戦ったという実績はゼロではありませんから、そのことは、日本を打倒して北朝鮮国家を建設したという「理」を支える根拠にはなるわけです。

また、金正日は、父親の金日成がソ連領内で軍事訓練を受けている時に現地で生まれた子供で、幼少期にはユーラというロシア語の名前までありました。しかし、現在の北朝鮮当局は、金正日は金日成が中国との国境に近い白頭山中で抗日ゲリラ活動を行っている時に生まれたと主張しています。

中朝国境に位置する白頭山は、朝鮮の建国神話では、朝鮮民族の祖とされる檀君が降臨した場所とされています。金正日は、そうした民族の聖地の強烈な霊気と（北朝鮮の認識によれば）朝鮮民族最大の英雄である金日成の抗日闘争の伝統とをともに受け継いで生まれてきた稀有な人物であり、それゆえ、金日成から権力を継承する資格があるし、継承しなければならないというのが北朝鮮側のロジックです。

我々外部世界の人間からすると荒唐無稽な物語ですが、族譜（父系血縁集団である宗族が、系図を中心に重要な人物の事績、重要な事件、あるいは家訓などを記載した文書）を非常に重んじる朝

金正日とプーチン（2003年）

鮮の伝統的な価値観においては、建国神話との合わせ技で、金王朝の支配の正統性を支える根拠として一定の説得力を持つことになります。

このように、北朝鮮は国民に対してあらゆる角度から、体制の正統性を刷り込むためのプロパガンダを強烈に展開していますので、いたるところに「理」が溢れかえっています。

一方、韓国人による金日成への批判が、金日成の政策的な失敗よりも、彼がニセモノ（伝説の抗日英雄の名を騙《かた》ったソ連軍将校）であったことに向けられがちなのも、その裏返しの現象といってよいでしょう。

したがって、北朝鮮に比べ、（経済的な）国家建設という点では圧倒的に成功したはずの韓国は、伝統的価値観を克服して「先進国」になったがゆえに、かえって、彼らの価値の源泉となる「理」においては北朝鮮に大きく劣っているのではないかというコンプレックスにさいなまされるという現象が生じたのです。

こうして、大韓民国臨時政府の時代、すなわち、日本統治時代の韓国の社会のなかから「理」を支える材料を探さなければならなくなったタイミングで、1991年以降、いわゆる慰安婦問題がにわかにクローズアップされることになったのは、決して偶然ではないでしょう。

すなわち、大韓民国臨時政府が発足したのは、悪逆非道な日本の植民地支配に抵抗するためであったという物語（それが、彼らにとっての「理」になるわけですが）を支えるための素材として、「抗日独立闘争」の実績に乏しいなら、日本統治時代の被害体験、それもより悲惨で、より苛烈な体験でそれを補えばいい。その際、いたいけな少女たちを鬼畜のような日本軍が奴隷狩りよろしくトラックに押し込めて拉致していき、慰安所で働くことを強制して凌辱の限りを尽くしたというストーリーは、きわめて重要な意味を持っていました。

したがって、慰安婦問題が、彼らにとって国家の正統性の根拠としての「理」の次元で語られている限り、彼らの語る慰安婦の物語が客観的な事実と合致しているか否かは、彼らにとってはさほど重要なことではありません。むしろ、そうした物語を人々が共有できるか否かのほうが、「理」という観点からははるかに重要なのです。

韓国の「反日」の〝本当のターゲット〟とは？

長くなりましたが、ここまでお話ししてくれれば、本章の冒頭で述べたように「韓国の反日の〝本当のターゲット〟は、必ずしも日本ではない」ということがご理解いただけるかと思います。

というのも、彼らの「反日」は、彼らの思考回路の源泉にあたる「理」から派生した社会的・

政治的な文脈で唱えられていることが往々にしてあるからです（もちろん、純粋に反日活動をしている人たちが一定数いるのも事実です）。

端的にいうなら、そうした彼らの「反日」の本当のターゲットは、民主化以前の軍事政権（特に朴正熙・全斗煥の時代）と、それを肯定的に捉えようとする国内の右派・保守勢力です。日本でも広く知られているように、韓国の反日は左派・リベラル系の人たちが中核を担っています。

民主化以降、特に、1997年の経済危機以降の韓国では、かつての民主化運動出身の左派・リベラル政治家が大きな力を持った影響もあって、民主化以前を「悪」とする歴史観が一般化してきました。そもそも、今の韓国（第六共和国）が、かつての軍事政権を否定する「民主化」によってできた国ですから、「理」の観点からすれば、そうならないことのほうが不自然なのです。

ここまで見てきたように、朴正熙政権も全斗煥政権も、確かに独裁政権の負の側面はあったものの、功罪の「功」の部分もありました。現在韓国が（少なくとも経済規模で見て）先進国の仲間入りを果たしているのは、間違いなく彼らの功績です。

しかし、そうした「歴史的事実」が「理」の前に沈黙を余儀なくされているところに、今日の韓国の構造的な問題があります。

「過去清算」にもともと反日は含まれていなかった

民主化以前の自分の国を「悪」として否定するのは、外部世界の我々から見れば、自虐的な歴史観です。しかし、韓国の左派・リベラル系の人たちは、この「韓国自虐史観」をむしろ誇りにさえ思っているところに問題の根深さがあります。

すでに述べたように、彼らは、民主化以前の韓国を否定した上で、韓国のルーツを1919年の3・1独立運動の後、上海で組織された「大韓民国臨時政府」に求めました。すなわち、「臨時政府としてスタートした大韓民国が、長い暗黒時代を経て1987年の民主化で復活した」というのが韓国自虐史観に基づく建国のストーリーなのです。

彼らにとっては、日本統治時代も、李承晩から全斗煥にいたる軍事政権時代も「民主化以前の長い暗黒時代」としてワンセットになっています。

だから、彼らの反日は「〝日本だけ〟をターゲットにした日本叩き」というよりは（もちろんそういう人もいますが）、むしろ韓国自虐史観による「保守派叩き」とセットで〝日本も〟叩いているというのが実態なのです。我々日本人からすると「お前らの喧嘩に俺たちを巻き込むな！」と言いたいところですが……。

ところで、韓国の「過去清算」と聞けば、日本人は条件反射的に「反日」の文脈で解釈し「植民地支配による被害を明らかにし、植民地権力に対する協力者を断罪する作業」と考えがちです。

しかし、正確には、「過去清算」の範囲は、植民地支配に関する諸問題（つまりは「反日」に関すること）のみならず、民主化以前の国家権力による暴力・虐殺・人権蹂躙《じゅうりん》なども対象となっています。

実際、過去清算に関する最初の法律は、盧泰愚（彼自身は決してリベラルではなく、世界的にみると「保守」系の政治家ですが）政権下の1990年に制定された「光州民主化運動関連者補償等に関する法律」でした。

その後、民主化運動の指導者であった金泳三、金大中の両政権下でも過去清算に関する法律がいくつか制定されましたが、いずれも、軍事政権時代の政府による弾圧の被害者救済が対象となっています。日本人が「反日」の文脈でイメージするような、植民地時代の「親日派」を処罰しようとするものではありませんでした。

これに対して、盧武鉉《ノムヒョン》政権（2003年2月〜2008年2月）の過去清算は「日帝時代」も対象とした点で従来の政権とは大きく異なっています。

盧武鉉は戦後の1946年生まれであり、韓国の歴史上初となる「日本統治時代を経験していない大統領」です。この盧武鉉の時代になって初めて、「否定すべき民主化以前の時代」の範囲が日本統治時代まで広がります。

それが2004年12月に成立した「日帝強制占領下反民族行為の真相糾明に関する特別法」です。この法律は、1904年の日露戦争から1945年の解放までの間に、旧日本軍や朝鮮総督府などの行政機関で一定以上の地位に就いていた者、独立運動家への弾圧や戦時中の戦意高揚のための活動を行った者を調査し、糾弾するというものでした。

盧武鉉

盧武鉉は政界入りする以前は弁護士でしたから、法の不遡及（過去に問われなかった罪を事後法によって裁いてはならないとする近代法の大原則）ということを知らないはずがありません。しかし、その彼が「過去清算」を掲げて、近代法の大原則を堂々と捻じ曲げるのは、やはり、韓国人として（特に伝統的な価値観を重視する韓国型の奇形リベラルとした）「理」に対する（我々の目から見ると）異様なこだわりゆえと考えると腑に落ちるのではないでしょうか。

ただ、そんな盧武鉉の時代においても、「反日」だけが突出していたわけではありません。あくまでも、軍事政権と日本統治時代をワンセットにして、「臨時政府成立後から民主化にいたるまでの保守派を糾弾する」というロジックのなかで「日本叩き」をしています。ここでもやはり「反日」は「保守派叩き」の延長線上にあるわけです。

韓国大統領の不幸な末路の「法則」は保守派だけ？

民主化以降の韓国で「理」の枠外に弾き飛ばされた「保守派」がいかに肩身の狭い思いをしてきたかは、朴正熙の娘である朴槿恵《バククネ》を見ればよくわかります。

朴槿恵は大統領就任前の2012年9月、選挙戦の最中に急遽「謝罪会見」を開き、父親・朴正熙の軍事クーデターや維新憲法、民主化勢力への弾圧が、憲法の価値を損ね、韓国の政治発展を遅らせたとして、「(朴正熙政権によって) 苦しめられた方々や家族に改めて心から謝罪する」と述べています。

何度も言うように、朴正熙は韓国の経済発展の礎を築いた最大の功労者です。その人物を否定しなければ選挙を戦えない（という共通認識がある）のは、韓国社会の病理だと思います。

もっとも、朴正熙に関しては、大統領時代に日韓関係を正常化したというだけではなく、戦前には日本の陸軍士官学校を卒業して満洲国軍に在籍していた経歴があり、「高木正雄」という日本名まであります。そのため、朴槿恵に対しては早くから「親日派」との批判が浴びせられていました。

朴槿恵はそのイメージを払拭すべく、大統領になってからも必要以上に「反日」を強調していた感があります。

大統領就任直後の3・1独立運動記念式典（2013年3月1日）における「（日本と韓国の）加害者と被害者という歴史的立場は、1000年の歴史が流れても変わることはない」との発言は日本でも注目を集めました。

その後も「歴史認識」やいわゆる「慰安婦問題」などで日本批判を続けたため、朴槿恵政権時代に日韓関係はすっかり冷却しています。その欠を補うために対中傾斜を強め、それがますます日韓関係を悪化させるという悪循環を招きました。

なお、任期半ばで退陣に追い込まれた朴槿恵の後継大統領に就任した文在寅は、（韓国型）左派リベラルの典型的な人物と評されることも多く、北朝鮮に宥和的と見る人も少なくあ

朴槿恵

文在寅

りません。

ただし、彼が目指していたのは、中国を後ろ盾にして、自身の手で南北統一を主導し（あるべき朝鮮の姿を回復し）、北朝鮮の核も手に入れたと理解したほうがわかりやすい。そういう意味では、実は北に宥和的でも何でもありません。ロシアのプーチン大統領がウクライナのことを他国と思っていないのと同じ感覚だといったらいいすぎでしょうか。

余談ですが、朴槿恵を含め、韓国の大統領経験者は不幸な末路を迎える「法則」があるとよく言われています。しかし、退任後に本人が逮捕された例に限って言えば、逮捕された大統領経験者の4人（全斗煥、盧泰愚、李明博《イミョンバク》、朴槿恵）はいずれも保守派の人たちです。

左派・リベラル系の大統領に関しては、盧武鉉が不正資金疑惑の捜査中に自殺するという不幸はあったものの、誰も本人の逮捕にはいたっていません。

李明博

韓国大統領のその後

大統領名	就任期間	実績・特色	退任後
李承晩 	1948年～1960年	独立運動を牽引	米国に亡命、当地で死去
朴正煕 	1963年～1979年	経済成長 「漢江の奇跡」	妻、自身ともに暗殺される
全斗煥 	1980年～1988年	ソウル五輪誘致	クーデター首謀罪で 無期懲役確定（のちに特赦）
盧泰愚 	1988年～1993年	旧ソ連、中国と 国交樹立	収賄罪で懲役17年確定 （のちに特赦）
金泳三 	1993年～1998年	民主化後初の 文民政権	収賄罪で息子が実刑
金大中 	1998年～2003年	ノーベル平和賞 受賞	収賄罪などで 息子3人が起訴される
盧武鉉 	2003年～2008年	南北経済協力事業 を推進	不正資金疑惑の捜査を受け 自殺
李明博 	2008年～2013年	首都インフラを 整備	在任中の収賄容疑などで 逮捕
朴槿恵 	2013年～2017年	韓国初の 女性大統領	収賄罪などで 懲役24年の1審判決

「保守」と「革新」の捻れが韓国の息苦しさの原因

仮に「保守」を「伝統的な価値観・思考方法に忠実なこと」とするなら、伝統的な価値観（理気二元論や華夷秩序の世界観）に基づいて、南北同胞が一体化し、中国とも仲良くやっていこうという考えの人たちは、朝鮮半島では〝保守〟に分類されるでしょう。その意味では、盧武鉉や文在寅の左派政権は、朝鮮史の文脈に照らして、極めて〝保守〟的な政権と見ることも可能です。世界的な標準では中国・北朝鮮寄りのスタンスは左派・リベラルないしは「革新」に分類されるので、ここでも保守と革新があべこべになっています。

韓国の構造的な問題は、他の多くの国では保守と認定され、多数派を占めることの多い人たちが少数派の〝(朝鮮の思想的文脈では) 革新〟になり、他国では革新と認定され、少数派に甘んじている人たちが多数派の〝(同じく) 保守〟になるという〝捻れ〟現象に起因しています。

だから、右派・保守系の人たちは肩身が狭く、うっかり朴正熙や全斗煥に対する肯定的な発言もできません。もちろん、本音のところでは彼らの功績を理解していたとしても、公の場（特にメディアや学術界、言論界）ではなかなかそれを堂々と発言できない息苦しさが韓国国内にはあるわけです。

2022年5月に発足した尹錫悦政権は、世界的な潮流からすると保守とされる主義主張に近いがゆえに保守政権と位置づけられていますが、韓国（朝鮮半島）の伝統的な思考法やしがらみにとらわれず、実利的・合理的な判断を下して、韓国社会を〝革新（修正というほうがより適切かもしれません）〟していこうとしているように見えます。

少なくとも、発足後1年間の尹錫悦政権を見る限り、左派・リベラル勢力の温床となっている市民団体改革などを通じて韓国社会の行き過ぎた左派支配を是正しようとする努力が見られます。

2023年6月23日の閣議で、尹大統領が「（韓国が）初めて産業を興す時、対日請求権資金で製鉄所とセメント、肥料工場をつくり、国民が腹いっぱい食べられるようにした」という趣旨の発言をしたのも、そうした彼の姿勢を端的に示しています。

この発言については、6月29日に東京で7年ぶりとなる「日韓財務対話」が開かれるのを前に、朴槿恵政権時代の2015年に失効した「通貨交換（スワップ）協定（いずれかの国が金融危機時に外貨を融通して経済を支えるための協定。実際に、協定再開により、韓国は自国通貨と引き換えに日本から100億ドルを上限に融通）できるようになった」の再開を希望する韓国側が日本にすり寄ってきたもので、状況が変わればどうなるか分かったものではないなどとコメントする「識者」も少なからずいました。

しかし、ここまで本書をお読みいただいた読者の方であれば、この発言が、「1987年の民主化以前は全て悪」としてきた、これまでの韓国の「理」に正面から挑戦状をたたきつけたものだということがお分かりいただけるかと思います。

まさに、本章の初めの方でご紹介した指桑罵槐の変形で、「日本への感謝」というかたちで、大統領は現在の韓国の「理」を事実上独占している左派・リベラル（朝鮮半島の伝統的な文脈では〝保守〟）に対して、大統領は一歩も引かずに戦うという覚悟を示したわけです。

したがって、日本政府としては他国の国内事情に介入し、あからさまに大統領を支援することは慎むべきでしょうが（それは、結果的に逆効果になる可能性大です）、不用意な「お詫び」や「謝罪」を行うことは、尹政権の敵である左派・リベラルを勢いづかせ、かえって、尹政権の足を引っ張りかねない危険性があるということを十分に認識しておく必要があります。

韓国のために日本から歴史戦を仕掛けよう

よく日本の右派・保守系の人たちは韓国人の歴史認識について「客観的な歴史的事実に基づ

かないことを言っている」「事実を捻じ曲げるのはケシカラン。歴史の捏造《ねつぞう》だ」などと批判します。

それは確かにその通りです。

続けて「韓国人に歴史の捏造をやめさせるには、日本人が〝正しい歴史認識〟を世界に向けて発信していかなければならない。そうすれば世界はわかってくれるし、韓国人も考えを改めるだろう」という類の主張をする人たちがいますが、おそらく、歴史問題に関しては、彼らがそれを「理」と連動して語っている限り、客観的な歴史的事実を示せば説得できるという可能性は限りなくゼロに近いと思います。

もちろん、韓国とまったく関係のない海外の人々に向けた「日本側の立場の説明」としてなら「日本側の歴史認識の発信」はそれなりに意味はあるでしょう。しかし、韓国人に歴史の捏造をやめさせるのが目的なのであれば、そんなことをしてもあまり意味はありません。

むしろ必要なのは、「一生懸命正しいことを発信すればきっとみんなわかってくれる」というう「ピュア」な活動ではなく、「民主化以前は悪」という韓国人の歴史認識を変えるための「工作」活動です。

特に「悪手」なのが、日本の右派・保守系の言いがちな「韓国がここまで経済的に発展したのは日本のおかげだ」という「日本のおかげ」論です。そんなことを発信しても、せいぜい一部の日本人の気分がよくなるだけです。何も状況は改善されません。

むしろ日本側が韓国に向けて発信すべきは「民主化以前の時代に韓国人自身が頑張ったからこそ韓国は先進国に成長することができた（＝それを主導した朴正熙・全斗煥の功績にもっと注目すべきではないか）」という歴史観です。

その狙いは、韓国人が国内で朴正熙・全斗煥の「功績」をポジティブに語れるよう、日本側から意識的に発信し、韓国世論をコントロールしていくことにあります。

韓国人の歴史認識を変えるためには、まず民主化以前の時代について、韓国人が国内で自由に議論できる土壌をつくることが大切です。

しかし、それは前述の国内事情から、韓国人自身の手ではなかなかできません。

だからこそ、日本を含め海外から朴正熙や全斗煥のポジティブな評価を積極的に発信し、「民主化」以前のポジティブな面を彼ら自身に再発見させていくことが非常に有効だと思います。

少なくとも、日韓両国どちらの国益にもならない「日本のおかげ」論を声高に叫ぶよりは、よほど効果的な〝歴史戦工作〟になることは間違いないでしょう。

第5章
日本社会の病理と その処方箋

右も左も嘆く「日本人の劣化」

これまで世界の国々のお国事情を紹介してきましたが、最終章となる本章では日本の構造的な問題点について考えてみたいと思います。

よく右派・保守系の人たちは「昔と比べて日本人は劣化した。自分のことばかり考えていて、国家観もない」と嘆いています。一方で、左派・リベラル系の人たちも「日本人は劣化した。ネトウヨや保守的な考えの人間が増えて、どんどん右傾化している」と嘆いています。

この両陣営が言っている「日本人の劣化」なるものの大半は、実は劣化でも何でもありません。実は昔からあったものが、環境の変化、特にインターネットやSNSの発達によって可視化されただけです。

昔は右も左も、それぞれ自分たちの世界だけで生きていて、自分たちの外側の世界（現実）をちゃんと見ていませんでした。

それがここ20～30年ほどのインターネット環境の変化によって〝現実〟が見えやすくなり、自分たちからするととんでもなく非常識に思える人たちがたくさん目につくようになった。つまり、彼らの言う「非常識な人たち」はずっと前から潜在的にいたのだけれど、目につかなかったので気がつかなかった。それがだんだん目につくようになったものだから、「劣化している」と騒いでいるだけです。

たとえば、かつては政治家が後援会のパーティや新聞記者とのオフレコ懇談で、多少下品な（しかし、確実に仲間内では受けそうな）ジョークを言ったところで問題になることはほとんどありませんでした。ところが、最近では、その内容がふとしたはずみからSNSなどで拡散されてしまうことも珍しくありません。あるいは、アンチの側が、悪意を持って、発言などの一部を切り取り・拡散することも容易になっています。そうすると、妙な潔癖主義から「まぁ、そのくらいいいじゃないか」ということを許さない人たちが、不謹慎だという理由でその政治家を叩きに叩きまくる。人間というのは、基本的に他人をほめるよりも貶《けな》すことのほうが大好きな生き物ですから（地上波テレビのワイドショーで取り上げられる題材を思い起こせば、すぐにわかるでしょう）、事情をよく知らない人たちも尻馬に乗って叩きだし、「最近の政治家はレベルが低い」という結論に着地するのです。

そして、そうした舌禍・筆禍を恐れて、当たり障りのない常識的な発言しかしない政治家が増えてくれば、こんどは「最近の政治家はみんな小粒になってスケールの大きな話ができない」と嘆いてみせる。

政治家の劣化とされるものの大半は、おおむね、この範囲に収まるのではないでしょうか。

確かにインターネットが登場する以前には、左派・リベラル系（というよりも、より正確にいえば、体制批判をすることのみが正義であると無邪気に信じ込んでいる人たち）は日本社会全体では少数派であるにもかかわらず、メディアの主導権を握り、言論界で力を持ち過ぎていたという〝ギャップ〟がありました。

そもそも、言論人（特に、大学に籍を置いている研究者）や彼らが登場するメディアには、よほど注意していないと「批判のための批判」に陥りがちな性質が抜きがたく染みついています。

いわゆる研究者の世界で重要な仕事は学術論文を書くことですが、学術論文というのは、過去の研究史を踏まえた上で、その誤りや足りないところを指摘し、自分のオリジナリティを世に問うというのが基本的なスタイルです。したがって、「今までの解釈はここが間違っている」、「これまでの研究ではこの問題が見落とされてきた」というのが発想のスタートになりますので、社会に対しても似たような視点で接することに疑問を持ちません。逆に「この分野については、これまでの研究ですべて言い尽くされており、新たに指摘すべき点は何もありません」、「現代の日本は世界的にみれば安全で豊かな国なので、このままでも特に問題はありません」などと言ってしまったら、研究なり言論活動なりは（ビジネスとしては）成り立たないわけです。

もちろん、誰もが納得するような社会的欠陥などを取り上げて論じているのなら、それはそれで結構なこととして多くの人は共感するのでしょうが、その問題がすでに多くの人に論じ尽くされてしまい、自分のオリジナリティが発揮しづらい、あるいは、そもそも、問題にすべき箇所が（常識的に考えれば）見つからない、というような場合、「問題を指摘する」ことを職業としている人たちのなかには、（あえてきつい言い方をすれば）自分の生活のために「新たな問題」をでっち上げる人が一定の割合で発生してくるのは避けられません。

たとえば、最近何かと話題の性的マイノリティ問題ですが、少し前までは、単純な男女それぞれの同性愛についてしか話題にならなかったところが、いつの間にかL（レズビアン）G（ゲイ）B（バイセクシュアル）T（トランスジェンダー）となり、さらにQ（クエスチョニング）が加わり、そこからLGBTQIAとなり……といった具合にどんどん概念がつけ加えられています。これは、「こんな問題があった」、「いや、まだこんな問題もある」といったふうに、「問題」が次々に「発見（正確には、研究者なり言論人なりによって創作）」されていった結果ともいえるわけです。

もちろん、どんな業界にもその業界独特のルールがありますから、「批判」を飯《めし》の種にしている業界が上記のようなルールで動いていること自体は特に問題はないでしょう。言論界というのは、いわばそうしたルールに基づくギルドのようなものですから、無知蒙昧《むちもうまい》な一般大衆は日本社会の抱える多くの問題に気付いていないので、自分たちがそれを彼らに教え諭してやらねばならないというスタンスの人たちが多数派を占めるのも、いわば自然の成り行きといえます。

こうした思考回路は、当然のことながら、思想的に保守ないしは右派とレーティングされている人たちよりも、リベラルないしは左派と呼ばれる人たちと相性がいい。

右派・左派の区分や定義は人それぞれでなかなか難しいのですが、私自身の考えるところでは、大まかに言って、〝右派〟とは「自分の属する共同体の伝統的な価値観や規範、慣習などを重視し、共同体の一体性・純粋性を強く求める傾向を持つ人々」と定義できるかと思います。こうした傾向が極端に強くなると、マイノリティを差別・迫害し、(しばしば暴力を伴う)排外主義に走る〝極右〟になるわけで、そのイメージに最も合致するのがナチス・ドイツです。

これに対して、〝左派〟は〝右派〟の逆、すなわち、「人間は平等であり、全世界は普遍的な価値観のもとに統合されるべきで、共同体の伝統的な価値観や規範、慣習などに合理的な根拠が見いだせなければ積極的に変更すべきと考える人々」となります。その典型が社会主義者・共産主義者です。

古今東西を問わず、ある社会の構成員の多くは、その社会に多少の不満はあっても基本的には現状を肯定し、急激な変化を望みませんから、上述の右派・左派の分類によれば、右寄りになるのが普通です。

これに対して、「批判」を生業としている人は、「普遍的な価値」の名のもとに伝統や現状を変えることを主張するという点で左寄りになる傾向が出てくるのは避けられません。社会全体では右派ないしは保守派が多数派を占めるのに対して、メディアを含む言論の世界では左派が主流派を占めがちになるという現象は、こうした事情によるものです。

さらに、どんな国でも、その国の国民が共有している建国の物語というものがあります。その最たるものが、本書の第4章でご説明した韓国／朝鮮の「理」なわけですが、そこまで極端なものでなくても、我が国の場合は、「戦前の大日本帝国は軍国主義国家で国民の権利は著しく制限されていたが、敗戦後、民主国家として生まれ変わり、日米安保体制の下、経済優先・軽武装路線によって豊かな先進国になった」という物語が多くの人の前提になっていると思います。

この前提に立って、メディアや言論界の主流派は日本の現状を批判し続けてきたわけで、「確かに、先の大戦は（少なくとも負けたという点で）間違っていたが、戦前の日本にも良いところはあったのではないか」という善男善女の素朴な疑問については「歴史を知らない（＝自分たちの語る歴史だけが正しいから、黙ってそれに従え）」と切り捨ててきました。現在でも「愛国」という言葉を口にすると、「右翼」扱いされて「非常に危ない人」と見なされるのではないかと思っている人が少なくないのもそのためです。

もちろん、「朝鮮人を日本から叩き出せ！」などといった主張をする、排外的な意味で「愛国」を唱えている人も確かに存在します。しかし、それとはまったく別の次元で、もっと素朴な祖国愛――「ワールドカップで日本がドイツに勝ってうれしい」「日本人がノーベル賞を受賞してうれしい」「日本人がメジャーで活躍してうれしい」といった、共同体への帰属意識として「自分の国が好き」という意味での愛国心というものは、人間の感情として否定しきれるものではありません。

したがって、この意味での「愛国」がいけないというのなら、そうした素朴な祖国愛をどういう言葉で表現したらよいのか、左派系の言論人はその代替案を出すべきなのですが、彼らはその作業をまったくしてこなかった。

そして、とにかく「愛国」という言葉をポジティヴな意味で使わせない空気や圧力のようなものが、左派の牙城である言論界を中心に長らく存在し続けていました。

もちろん、世間一般の人たちはそのような言論界の圧力とは無縁のところで生きていたので、そういう面倒なことを言う人たちとは黙って距離を取るだけなのですが、一部の右派・保守系の人たちからすると、自分たちはものすごく抑圧されてきた、自分たちの言葉を奪われ続けてきた、という怨念がどうしてもぬぐえなかったのです。

いったん奪われた言葉を自分たちのものとして回復するには、膨大な時間と労力が必要になります。もちろん、左派の文化侵略に対抗して、そうした作業を地道に続けている保守派の論客もいないことはないのですが、実際には、自分たちの不遇感を安直に「誰かのせい」にしてしまう人が少なくありません。

右派・保守系のなかから、あらゆる問題をGHQやユダヤ、ディープステートのせいにする、いわゆる「陰謀論」に走ってしまう人たちが少なからず出てくる背景には、そうした人たちの個人的な資質もさることながら、彼らのルサンチマンを説得力のある形で表現する言説が組み立てられてこなかったことも大きいのではないかと私は思っています。

一方、左派・リベラル系はこれまで大手メディアに強い影響力を持ち、世論や多数派の意見をコントロールしようとしてきましたが、ネットとSNSの発達により、さすがにそれもそろそろ無理になってきました。ネット上での批判が後押しする形で、いわゆる従軍慰安婦問題をめぐる『朝日新聞』の報道が、そもそも吉田清治による虚偽の「証言」を基にしていたことが明らかになり、世論の風向きが大きく変わったことなどは、その一例といえましょう。今後は彼らの実態的な数にふさわしい程度の影響力に落ち着いていくだろうと思われます。

いずれにせよ、世間一般の人々からすると、右であれ左であれ、極端な人たちの主張にはなかなかついていけないものがあります。

全部、ＧＨＱのせい？

そもそもの話として、ある民族集団の思考様式や基本的な性格の本質的な部分は１００年や２００年くらいでは変わらないと私は思っています。

むしろ日本の場合、その「変わらない」ところにこそ「日本社会の病理」とでもいうべき構造的な問題が潜んでいます。

何でもかんでもユダヤのせい、ＧＨＱのせいにするのは思考停止と同じです。

よく保守系の人たちは「戦後の日本人が国家観（あるいは国家意識）をなくしたのは、ＧＨＱのＷＧＩＰ（ウォー・ギルト・インフォメーション・プログラム）をはじめとする日本弱体化計画のせいだ。今でも日本社会はそれを引きずっているんだ！」などと言います。

確かにＧＨＱは占領下の日本の力を削ぎ、伝統を貶める政策をやっていました。たとえば、旧日本軍は解体され、学校では児童自ら戦前の教科書の墨塗りをさせられました。とはいえ、占領当局がそのような政策を行うのは（相手が誰であれ）ある意味当然です。

しかし、いわゆる保守系の論者たちの言うように、仮にそのGHQによって押し付けられた思想がそのまま日本社会に定着したというなら、それはもともと日本人にその思想を受け入れる〝土壌〟が確実に存在していたということです。

一般的に、外来の思想や概念というのは、その国に土着化している伝統や価値観とマッチしないと定着しません。逆に、自国の環境に合わせてカスタマイズすることに成功した思想のみが、その社会で影響力を持ちうるのです。

たとえば、カール・マルクスは19世紀半ばのドイツやロンドンの状況をベースにマルクス主義を考案しましたが、レーニンはそれを20世紀初頭のロシアの事情に合わせて「マルクス・レーニン主義」とカスタマイズすることで革命を達成し、70年続いたソビエト社会主義共和国連邦（ソ連）をつくり上げました。中国ではそれが「政権は銃口から生まれる」、「農村で都市を包囲する」という毛沢東主義へと変質し、ソ連の衛星国として出発したはずの北朝鮮にいたっては、朝鮮民族の檀君神話をも取り込んだ主体思想という、共産主義とは似ても似つかぬ「宗教思想」として体制を支えるイデオロギーになっています。

逆に、そうした土着化ないしはカスタマイズに馴染まない思想や宗教は、どれほど膨大な時間とエネルギーを注いだところで、外国人の支配者が支配下の民衆に定着させることはできません。

日本の例でいえば、GHQは、日本を「(彼らの考える)民主化・非軍事化」するのと並行して、大量の人的・物的・金銭的資源を投じて「日本のキリスト教国化」を目論みましたが、こちらは完全な失敗に終わっています。GHQによる洗脳工作が右派・保守系の人たちが主張するほど〝万能〟なら、なぜ、精神的に完全に武装解除されてGHQを礼賛するようになった日本人と日本社会がキリスト教化されなかったのか、まずはそのことについて説得力のある説明が必要なはずです。

日本人のように、万物いたるところに八百万《やおよろず》の神様が宿っていると感じ、あらゆるものに手を合わせるような人たちにとっては、キリスト教をはじめとする一神教の「唯一絶対なる神様が天地万物を創造した」という教えは、理屈ではわかったとしても感覚レベルはなかなか受け入れられません。

結局GHQがどれだけヒト・モノ・カネを使って日本を変えようと圧力を加えても、日本側にその変化を受け入れる土壌がないと、変わらない部分は絶対に変わらないのです。

日本人は「突出したもの」や「絶対的な中心」を嫌う

日本人が何を受け入れ、何を受け入れないかは、やはり日本の社会に土着化している伝統や価値観をもとにした感覚によるところがあります。そして、その感覚はおそらく昔から変わっていない、少なくとも江戸時代以降はそれほど変わっていないように思われます。

では、その日本社会に土着化している伝統・価値観とは何か。

一つは、一神教とは真逆で「絶対的なものを認めない」ということです。

日本人は「絶対的な権力者」や「絶対的な中心となる存在」を嫌がります。

そう聞くと、「天皇や皇室こそ日本の絶対的中心じゃないのか？」と思われた方もいるかもしれません。確かに天皇や皇室は、日本の歴史上、社会の中心ではありました。しかし、ヨーロッパの王様のように、絶対的な権力を持つ独裁者だったことはほとんどありません。少なくとも奈良時代以降の日本の政治には「絶対的な中心」というものは存在していませんでした。

むしろ突出しようとする存在、独裁者的な存在が表に出てくると、それを引きずり落として「平準化」しようとする圧力がものすごく働きます。

日本の社会では、コミュニティのなかで悪目立《わる》ちする者がいなければみんなが快適であり、将来はともかく、その時その場はある程度うまくやっていけます。

一方、何かの理念やイデオロギーを絶対的な中心として人が集まっているような状態のほうが日本社会では〝特殊〟なのです。

欧米の「政党」は、そうした日本では〝特殊〟な状態を大前提に構成されていますが、日本の場合、それが当てはまる組織としては、カルト的な宗教や極端な左翼・右翼の団体以外にはなかなかイメージしづらいのが実情です。日本の政党のなかで、ヨーロッパ人が一般的にイメージするような政党――（賛否は別にして）明確な国家観や政治目標があり、理念のもとに人々が集結し、一定数の国会議員を当選させている政党というのは、公明党と日本共産党くらいでしょうが、この2つの政党に対しては、熱心な支持者がいる一方で、絶対に受け付けないというアレルギー的な拒否感を持っている人も少なくないので、彼らは国会で第一党の地位を得ることはまずあり得ないでしょう。

そのため、日本では本来の意味での政党、欧米社会的な近代政党というものができにくいという構造的な問題があるのです。

自民党や立憲民主党、日本維新の会など、日本で一般的に「政党」と呼ばれている団体は、基本的には国家観やイデオロギーのもとに結集しているというよりも（自民党の場合は、もともとは自主憲法制定を掲げて結党されたはずですが、憲法改正に消極的・否定的な護憲派議員の河野洋平が総裁を務めたことさえありました）、地縁・血縁や支援団体との関係、選挙区事情などで集団を形成しているというのが現実です。このため、政党や議員にとっては支持者間の利害調整がなにより重要になりますので、互いに矛盾する主義主張であっても、とりあえず混淆《こんこう》させて妥協点を見出す、簡単に言ってしまえば、すべてを足して割ったような結論を目指すのが自然な振る舞いとなります。

彼らは、とにかく対立しないように、絶対的なものや突出したものをつくらないように（＝著しく〝和〟を乱さない限り周囲から阻害され、極端に不利になるものをつくらないように）、という行動原理のもとで動いています。

仲間内での対立を避け、みんながある程度納得する形で話をまとめようとするため、結果として「みんなが少しずつ損をするけど、みんな一緒だから我慢しようね」という三方一両損的な行動に出ることも珍しくありません。

そんな状態なので当然、国家観などというものも形成されにくいわけです。

政治家からしてこの有様ですから、「日本人に国家観がなくなった」云々の話ではありません。

それが良い悪いは別にして、国家観を持っていない日本人のほうが自然だといえます。けっしてGHQの工作によって日本人から国家観が奪われたわけではありません。国家観など、多くの日本人にとってはどうでもよいというのが実情だったと考えるほうが自然でしょう。

ただし、そのことは必ずしもマイナスなことばかりではなく、特定の価値観に拘泥せず、受け入れられるものは何でも受け入れるという柔軟性の源泉として、明治維新後の急速な近代化や第二次世界大戦後の高度経済成長という果実を生み出したことも指摘しておく必要があります。

苦労・我慢・忍耐を信仰する日本のマゾヒズム

もうひとつ、日本社会には特徴的な伝統・価値観があります。

「清貧」「質素倹約」「我慢」「忍耐」といったものを美徳とし、極端に美化・強調することです。日本人は鴨長明以来（あるいはもっと昔から）「清貧」や「質素倹約」を好む風潮があり、特に江戸時代にはそれが儒教と結びついて強化されました。これはアジアの儒教文化圏のなかでも、中国や朝鮮半島にはあまり見られない風潮です。

もちろん中国や朝鮮でも、世俗を捨てて出家した禅僧などは、そういう気質を持っていたでしょうが、日本のように社会のスタンダードにはなっていません。少なくとも、新年（春節）のあいさつで「恭喜發財（金運に恵まれますように）」、「吉祥富貴聚新春（この新春にめでたいこと、お金や富が集まりますように）」という言葉が当たり前のように飛び交う社会では、日本式の清貧や質素倹約に共鳴する人が多数派になることはまずあり得ないでしょう。同じ『論語』や『四書五経』をテキストにしていても、日本と中国、朝鮮半島ではまったく異なる価値観考えにいきついたわけです。

日本では「華美なものはよくない」「苦労して我慢していれば、その先に花が開く」「若い時には苦労をしたほうがよい」という言説が溢れています。

もちろん苦労して身につけたものは大変すばらしいけれど、世の中にはしなくてもいい苦労もあります。履歴書をパソコンでつくるのは誠意がないから、手書きで書かねばならないなどという理不尽な「就活マナー」などはその最たるものでしょう。そもそも、みんながみんな好き好んで、鴨長明や意識高い系の貴族たちのように〝趣味〟で「清貧」をして「質素倹約」な暮らしをしているわけではありません。過度に「苦労」「我慢」「忍耐」を〝信仰〟し、それをすること自体が満足感につながるというのは、ある種のマゾヒズムです。

他の文化圏の国や地域でも、この日本型マゾヒズムとよく似た、いわゆる禁欲主義があります。

古来様々な宗教の修道士の一部は、己の自我を捨てて神と一体化するために禁欲をしてきました。すると、やがてそのなかから、禁欲自体に楽しみや快楽を見出し、「禁欲していない人間はケシカラン」と主張する人たちも出てくるようになりました。つまり、禁欲自体はもともと手段だったわけですが、いつの間にかそれを目的化する人たちが出てきたわけです。これが禁欲主義です。

禁欲主義は、たとえばキリスト教・イスラム教文化圏の社会では特殊な人たちでしたが、逆に日本の場合はそういう禁欲主義的な気質のほうが社会のスタンダードになってしまいました。三方一両損的にみんなが少しずつ我慢する形にしてでもみんなの納得を優先させる傾向があるのもこのためです。

この日本型マゾヒズムもまた社会に構造的な問題を生み出しているのですが、それについてはまたのちほど詳しくお話しします。

日本は社会の構造的に「野党」が生まれにくい？

日本人は、自分たちの伝統・価値観を壊すような「突出したもの」や「絶対的な中心」を受け入れない代わりに、それ以外のものなら基本的に何でも受け入れる傾向があります。だから、本来であれば社会の争点になり、対立して摩擦が起きるべきところも全部取り込んできたわけです。

古くは仏教の伝来をめぐって、蘇我氏と物部氏が激しく対立し、西暦645年には乙巳《いっし》の変（大化の改新の出発となったクーデター事件）まで発生したにもかかわらず、いつの間にか、「インドの仏や菩薩が日本では神の姿になって現れた」、「八幡様（＝応神天皇）は阿弥陀如来の化身《けしん》」、「伊勢大神は大日如来が姿を変えたもの」などとして神仏習合が起こり、神社の境内に神宮寺が建てられ、神前での読経《どきょう》も当たり前のことになってしまいました。

また、明治維新の時には、近代化の過程で西洋型の理念や制度が大量に日本に入ってきました。こういう場合、普通の国なら、それら外来の理念や制度と自分たちの伝統・価値観とをどのように折り合いをつけていくかで非常にモメます。中国もインドもそうでしたし、イスラム世界の国々は今でもモメています。西洋型の議会制度の導入や憲法の制定などをめぐってモメて、四苦八苦してそれらをつくっていきました。

しかし、日本はそこをあっさりスルーしてきたわけです。もちろん、なかには外来思想の受け入れに葛藤した日本人もいましたが、大半の人はそうした問題をスルーして、西洋型の理念・制度に適応していきました。

こうした彼我の違いについて、興味深いエピソードをご紹介しておきましょう。

1884年6月、清朝でも立憲君主制を実施すべきと主張していた思想家、鄭観應《ていかんおう》は、香港からシンガポールへ向かうフランス汽船の船上で、訪欧途中の日本人・大川平三郎（渋沢栄一の甥で、後に日本の製紙王と呼ばれた人物）と出会います。

二人は西洋列強の圧迫を感じつつ自国の近代化を目指していた者同士として意気投合し、さまざまな議論を重ねていますが、そのなかで、大川は、日本の郵便事業が1871年の創業以来、急速に発達し、1877年には列強諸国と並んで国際的な郵便交換の組織、万国郵便連合に加盟（ちなみに、清朝は1912年に滅亡するまで、同連合へは加盟できませんでした）したことの意義を強調しました。

これに対して、鄭は、日本の郵便制度については一定の評価をしながらも、近代化にあたっては、憲法制定などより優先すべき事柄があると主張し、郵便についてはほとんど関心を示しませんでした。

二人のやり取りについては、さまざまな評価が可能でしょうが、根本的な国家間や理念についてはとりあえず棚上げにして、まずは物理的に「近代」に適応することを優先する日本（人）の性質がよく表れていると思います。

このように日本には、対立が生まれそうな問題でも、根本のところには踏み込まず、それが良いものであると判断すれば、なんとなく受け入れ、社会全体に取り込んでいくという特徴があります。このことは、技術の移入や経済発展という点では大いなる強みであることは間違いありません。

加えて、争いを避けるためにはみんなが少しずつ「我慢」する三方一両損の形をとることも珍しくありません。

逆に、このことは政治の分野においても、国（世論）を二分するような争点が生まれにくくなり、有力な野党も育ちにくい状況をつくり出しているわけです。

よく「野党がダメだから選挙でいつも自民党が勝つんだ」と嘆く人たちがいますが、そもそも日本にはしっかりとした政党が生まれにくい事情があるわけです。まあ、それを差し引いたとしても、日本の野党がダメダメなのは事実なのですが……。

日本を二大政党制にするのは難しい？

よく「日本も欧米のように二大政党制になるべきだ」と主張する人たちもいますが、これまで述べてきた理由から、それも難しいことがおわかりいただけるかと思います。

政党とは本来、理念のもとに人々が集結して生まれるものです。

しかし、日本人は前述の通り、「突出したもの」や「絶対的な中心」を嫌い、理念やイデオロギーのもとに集結するのが苦手なので、日本の社会にはそもそも欧米型の近代政党が生まれにくい土壌があります。

国を二分するような争点も生まれにくいので、二大政党制を担えるだけの有力な野党もなかなか生まれません。

日本の主要政党のなかで、理念やイデオロギーのもとに人々が集結しているのは公明党・共産党くらいです。自民をはじめその他の政党は「利権（利益）の分配」のために存在しています。

そもそも、自民党の源流ともいうべき立憲政友会の発足に際して、伊藤博文は「余等同志は国家に対する政党の責任を重んじ、専ら公益を目的として行動」するのであって、「国運を進め文明を扶植」するため与論を指導し、地方公共施設の建設にも公益を最優先させる「国家公党」であると設立の趣旨を説明しています。

伊藤の後継者であった西園寺《さいおんじ》公望《きんもち》は、鉄道の国有化や新設、築港、学校建設などインフラ関連事業を積極的に展開し、その利権を分配することで党員や支持者を拡大しました。さらに、政友会の支持基盤には地方の地主も多かったため、地方自治の尊重や地方分権も重視されました。

この結果、選挙区と利権の調整が政友会にとって最大の関心事となるのも自然の成り行きでした。

すなわち、欧米諸国のように、何かしら政治的な理念のもとに人々が集結して政党をつくったわけではなく、自分の選挙区に利権を分配する仕組みづくりの過程で政党がつくられていったわけです。

こうした生い立ちがあるために、公明党や共産党を除く多くの日本の政党では、党本部が党としての理想（そんなものが存在するかどうかは、ここではひとまず置いておきます）を実現するために、党員のなかから最適な人物を選んで候補者として擁立するのではなく、政治家になりたい人物が、政党の公認を得て選挙に出るために、一定数の党員（と党費）を集めてくるという逆転現象が生じがちです。この結果、日本で「政党」を名乗る組織は、特定の目標や理念のもとに志を持った同志が集まって成立しているというよりも、議員個人の後援会ないしはファンクラブの集合体として、その利害調整が重要になるわけです。

選挙を控えた議員たちが党員集めに奔走する姿は、政党というものの本質を考えると極めてグロテスクな奇行なのですが、日本の場合では、そうしたルールに沿って行動しなければ選挙への立候補さえ難しいのですから、この点で個々の政治家を批判しても仕方ありません。

端的に言ってしまえば、「政党が理念もなく離合集散している」とはメディアなどによる政治批判、政党批判の常套句《じょうとうく》になっていますが、むしろそれが本来の日本人の姿だと考えたほうがすっきりします。

もとはといえば自民党も「自主憲法制定」を掲げて結党し、今でも建前上はさまざまな理念を掲げていますが、日本はそうした理念やイデオロギーで動く社会ではありません。

むしろ最大の争点は「ポストや利権を仲間内でどう分配するか。支持者にどう利益を還元するか」であり、その枠組みのなかだけで政治や選挙が行われてきました。これでは野党も、国を二分するような争点を立てるのが難しくなります。

たとえばアメリカの場合、独立戦争の頃には初代大統領ジョージ・ワシントンが政党そのものを否定していましたが、南北戦争の時代には「奴隷制の是非」という国を二分する争点から共和党が生まれて民主党と対立するようになりました。そして、その後も共和党と民主党がさまざまな争点をめぐって議論を重ねながら二極化し、徐々に今日の二大政党制へと練り上げられていったわけです。

イギリスの二大政党制ももとをたどればピューリタン革命後の王政復古期に「カトリック教

徒を国王にしていいのか」という争点でトーリー党（保守党の前身）とホイッグ党（自由党の前身）が対立したことから始まりました（現在のイギリスの二大政党は保守党と労働党）。

もちろん、日本の野党もこのように国を二分するような争点を設定することができれば、現状の「自民一強」を打破できる可能性はあります。

ただ、彼らが強引に争点にしようとしているものといえば、過去にはモリカケサクラ、今ではLGBT、移民、差別、怪しげな行政文書……。少なくとも今の日本では、とても国民的な争点にはならないものばかりです。

これは別にLGBTや差別の問題を議論することに意味がないと言っているわけではありません。しかし、実際問題としてそれらが日本の全国民の関心事になりえるかと問われれば、ノーと言わざるを得ないでしょう。ようするに、政権や与党への〝攻め方〟を間違えているのです。

そもそも政権を奪う気がない日本の野党

もっとも、今の野党の言動を見ている限り、本気で自民党に勝つつもりがあるとは到底思えません。むしろ「自民党に勝って政権を担うのは嫌だから、野党として安定的に存続し続け、自分たちの利権やポジションをこのままずっと維持したい」というスタンスに見えます。

かつてのプロ野球では、阪神タイガースの経営陣が「(人気チームの)巨人が優勝し、阪神は奮闘及ばず2位に終わるのが経営的にはベスト・シナリオ。優勝争いが接戦なら最後まで観客動員数は落ちないし、優勝しなければ選手の給料を上げる必要もない」という趣旨の発言をたびたび繰り返していましたが、〝野党第一党〟の地位さえ維持できればそれでよいという姿勢が露骨な立憲民主党とまさに相通じるものがあります。

もちろん個人レベルでは志の高い野党議員もいるのでしょうが、政党として見た場合は、とても自民党を倒して政権を奪取しようという気概があるように思えません。

実際、自民党政権はツッコミどころ満載のおかしなことをいろいろしているのに、そこを攻めようとしないのだから、有権者にそう思われても仕方がないでしょう。具体的に野党がどこをどう攻めるべきかについては後述します。

野党がこんな有様ですから、今の日本で本当に国を二分するような争点が出てきたとしても、実際は左右に幅広い自民党がそれを吸収することになるでしょう。つまり、自民党内の派閥や集団が疑似政党的な役割を果たしてしまって、党内与党と党内野党で政権交代をするかどうかという展開になるだけだと思います。

国家観云々の話の前に、自民党との違いは何かということをきちんと前面に出さないと、二大政党制どころか一つの近代政党さえできません。ただし、それを明確に打ち出している公明党や共産党のような政党が一般的な日本人に受け入れられるか、日本の社会がそのような政党の政権を支持するかは、また別問題です。

もちろん、私も日本に近代政党はあったほうがいいと思います。

しかし、宗教やイデオロギーとは離れた近代政党を日本でつくるのは、これまで述べてきた理由から、現状ではかなり難しいかもしれません。

ただ、20年かかるか30年かかるかはわかりませんが、これから先、国民的な争点くらいは見えてくるのではないかと期待している面もあります。今日の日本において何がその争点になりえるかについては後ほど詳しく述べることにします。

日本で「ヘンな環境規制」が生まれる理由

比較的最近の話題で、これまで述べてきたような日本社会の構造的問題を象徴する出来事があったのでここで紹介したいと思います。

2020年7月からスタートした、いわゆるレジ袋有料化についてです。

「今さら一枚数円のレジ袋なんてどうでもいいだろう。そんな小さい話をして何になるんだ」と思われるかもしれませんが、しばしお付き合いください。

本来、レジ袋を有料にするか無償にするか、あるいは商品の価格に転嫁する形で費用を回収するのかは店側が決めればいい話です。それを国が一律・強制的に有料化する規制を設けるのはおかしいのではないか、という疑問がまずあります。

そもそも、こうした「ヘンな環境規制」はどういう背景から生まれてきたのでしょうか。

日本の環境規制のあり方は1980年代後半から1990年代はじめ、つまり昭和末期から平成初期にかけて、ひとつの転機が訪れています。

戦後の高度経済成長期には、いわゆる4大公害病（水俣病、新潟水俣病、四日市ぜんそく、イタイイタイ病）が社会問題となり、実際に環境汚染等もひどい状況でした。それを受けて1967年に公害対策基本法が制定され、環境規制が進められていくと、1970年代には日本の環境問題もある程度改善されていきました。

しかし、90年代に入ると、またもや環境規制の必要性が説かれるようになります。

この時のキーワードは「国際貢献」です。

「国際貢献」と言えば、今でこそPKO（国連平和維持活動）への自衛隊の海外派遣をイメージされる方が多いかもしれませんが、当時はまだ自衛隊を海外に派遣するとなると国内での反発が大きく、「海外派兵はケシカラン」と騒ぎ立てる人たちがたくさんいるという状況でした。今よりも左派・リベラル系（特に共産党系や旧社会党系、当時は「革新」と呼ばれていました）の勢力が強かったため、政府としてもおいそれとは自衛隊の海外派遣をできなかったわけです。

しかし、一方で当時アメリカに次ぐ世界第2位の経済大国だった日本が国際貢献を何もしないというのは、それはそれでマズイのではないのか、という議論も出てきました。「日本ももっと国際貢献すべきだ」という圧力が国内外から高まっているけれど、自衛隊を海外に送ることはできない。じゃあ、日本はどういう形で国際貢献すればいいのか――。

そこで出てきたのが「環境」です。

実際、新進党（当時）の鴨下一郎衆議院議員は、この問題の当事者の一人として、「持続可能な開発の推進と実践こそが国際社会から尊敬される日本への道であり、環境分野での日本の国際的なリーダーシップの発揮がすぐれて平和的な国際貢献の方策であるというふうに私は考えます。日本政治の資質が今世界から問われているわけでございますが、これら持続可能な開発を自ら実践することが日本のあり方なんだろうと思います」という認識を示しており、自衛隊を出さないで国際貢献をする、という発想から環境分野で日本がリードしていこうと考え出されたことがわかります。

そして、国連など国際会議の場で、日本が提案した環境対策による国際貢献政策は、次第に日本への外圧となり、日本の国内政策に制約を及ぼすことになっていきます。

やりっぱなしで評価・検証ナシ

日本の行政・政治の大きな問題点のひとつは実績評価をほとんどしないことです。

たとえば消費税にしても、最初は直間比率（税収における直接税と間接税の割合）の是正や税の簡素化のために導入すると言っていたのに、いつの間にか地方の財源や社会保障費の財源のために必要だという話になりました。

そもそも消費税の導入によってどれだけ税の手続きが簡素化されたのか、その後の経済成長や全体的な税収の増減、国民の経済状況にどのような影響を与えたのか、といった検証がまったくなされていません。

もしかしたらどこかでこっそり検証しているのかもしれませんが、少なくともその検証結果が国民の共通認識になっているとは言い難い状況です。

何か目的や目標があって政策を実施したはずなのに、それらを達成したかどうかの業績評価はまったくせず、基本的には何でもやりっぱなし。本来は目標達成の「手段」であるはずの政策を実施すること自体が目的化してしまい、目的を達成できたか否か、目標を達成するためにどういう軌道修正が必要か、目標を達成すれば次は何をすべきか、という方向に議論が進みません。

こと消費税に関しては、存在自体が完全に自己目的化してしまっていて、減税や廃止の話をしようものなら「消費税を導入する（上げる）のにどれだけ苦労したと思っているんだ」と怒り出す政治家までいる始末です。

消費税も「手段」ですから、もちろん社会や経済の状況を踏まえて、消費税を導入したり税率を上げたりすることも必要です。

たとえば歳入を増やすのが目的なら、増税もその手段の一つになるかもしれません。ただ、近代以降の世界の事例を見ると、増税によって国家の歳入が増えたケースはほとんど皆無です。むしろ、増税により経済が縮小し、税収そのものは落ち込むことが大半です。1997年の消費税率の3％から5％への引き上げが日本経済に致命的な打撃を与え、翌年から日本経済は深刻なデフレに陥り、以後20年以上も長期低迷が続くことになったことを覚えておられる方も多いでしょう。消費増税時の首相だった橋本龍太郎は「私は平成9年から10年にかけて緊縮財政をやり、国民に迷惑をかけた。私の友人も自殺した。本当に国民に申し訳なかった。これを深くお詫びしたい」、「財政再建のタイミングを早まって経済低迷をもたらした」と自責の念を残して2006年にこの世を去りました。

その後も、消費税率が5%から8%へ、8%から10%へと増税されるたびに、日本経済は冷や水を浴びせられ、税収も落ち込んでいます。

税収が落ち込んでも増税をやらなければならない状況とは、たとえば、ハイパー・インフレが進んで物価の高騰が収まらないため、通貨を市場から強制的に回収するケース（西南戦争後の松方デフレや、終戦直後のハイパー・インフレを抑えるためのドッジ・ラインの長均衡予算など）があげられますが、いずれにせよ、増税で税収を増やすというのはかなり無理があります。

単純に税収を増やしたいのであれば、減税と（無意味な）規制の撤廃により経済を刺激して好景気を生み出し、経済規模を拡大することによって税の自然増収を目指すほうが現実的です。少なくとも今の日本の状況では減税したほうがよいという専門家の意見も少なからずありますし、私もそう思います。

しかし、税率を上げるにせよ下げるにせよ、大前提として、そもそも何のために税率を変えるのか、それによってどれだけ税収が増えたのか、国民の可処分所得をどれだけ増減させて、消費行動にどれほどの影響を与えたのか、経済や社会全体に対するプラス・マイナスの影響はなんだったのか、そうした評価をしっかりと行って、国民と共有しなければなりません。

日本社会が陥りやすい「成功体験」の罠

話がちょっと横にそれてしまった感がありますが、実は環境規制も消費税とまったく同じです。規制を導入することが目的化していて、規制の結果、環境や社会にどのような影響を与えたのか、企業や国民の行動がどのように変わったのか、などの評価が国全体で共有されていません。

1995年に容器包装リサイクル法（以下「容リ法」）という、今日のレジ袋規制の原点になる法律ができました。家庭から排出される容器包装廃棄物をリサイクルの促進等で減量化し、資源の有効利用をはかるための法律だと環境省のHPでは説明されています。

容リ法制定時の通産大臣・橋本龍太郎氏は、1967年に公害対策基本法ができた時にはまだ自民党の若手議員で厚生政務次官として法案のとりまとめに奔走していましたが、経済界を中心に「こんな法律ができれば日本の産業がダメになってしまうのではないか」との反対論も根強くありました。

この点について、容リ法をめぐる1995年5月31日衆議院商工委員会厚生委員会農林水産委員会環境委員会連合審査会で、橋本は、当時を振り返って「(環境規制に伴う出費は)非生産的経費でありながら、結果として成長のマイナスにはならなかった、むしろ新たな産業需要を創出した部分もあるという指摘がなされた」と発言しており、反対論を押し切って環境規制を導入してよかったという認識を示しています。

実際、1970年代はまだ日本の経済成長に勢いのある時代でした。環境規制による負担が企業や国民にのしかかっても、経済成長によってそれをカバーすることができた上に、環境に優しいさまざまな新しい技術も生まれました。

環境規制を厳しくしても、技術革新が進んで経済成長をすることができた。環境問題もある程度改善することができた――これがその後の日本の環境規制のあり方を決定づける、一種の「成功体験」になります。

この成功体験が容リ法制定の背景となり、「公害対策基本法ができた時も環境規制で日本の産業が大ダメージを受けて壊滅すると危惧されていた。さらに続けて1970年代にはオイルショックも起こったけれど、何とか日本は乗り越えることができた。だから今回もきっと大丈夫だ。みんなで一生懸命力を合わせてがんばればなんとかなる。むしろ新しい技術やビジネスが生まれ、経済成長のチャンスになるかもしれない」という、今もどこかでよく聞く言説につながってくるわけです。

日本社会はこの手の成功体験があると、それにおごってしまって、思考停止になってしまう傾向があります。先の大戦でも緒戦の勝利に酔いしれて、無謀な形で戦線を拡大して敗戦につながっていきました。

いずれにせよ、規制推進派の言う「環境規制をしたから技術革新が進み、新しいビジネスが生まれ、経済成長もすることができた」という理屈は因果関係が逆で、むしろ、勢いよく経済成長できていたから、そのなかでさまざまな技術が生まれ、環境規制の負担を乗り越えることができた、と考えるほうが自然でしょう。

とにかく、日本の環境規制のいちばんの問題は、消費税と同様、政策を実施した後の評価・検証がしっかりとなされていないことです。

左派・リベラルに乗っ取られたエコ

環境規制は日本型マゾヒズムと結びつきやすい性質があります。

「今は苦しいかもしれないけど我慢しよう。とにかくみんなでがんばれば、必ず成果もついてくる。苦しい先には必ず明るい未来が待っている」

そんな日本社会特有のマゾヒスティックな〝信仰〟とものすごくマッチするのです。

マゾヒズムは苦痛や恥辱などを与えられることに快感を覚える性的嗜好《しこう》ですが、マゾヒストはただ闇雲にいたぶられて喜ぶわけでなく、自分に苦痛を与える人間に対して絶対的な信頼関係に基づく〝服従したい心〟を持っていることが大前提となります（そうでなければ、単なる暴力ですから）。

たとえば、オーストリアの作家、レーオポルト・フォン・ザッハー＝マーゾッホ（マゾヒズムの語源となった人物です）の代表作『毛皮を着たヴィーナス』（1871年）では、主人公のゼヴェリーンは若く美しい未亡人のワンダに恋し、彼女に自分を足で踏みつけ、鞭で打つ時には必ず毛皮を羽織ってくれと懇願。最初はそれを拒絶していたワンダも、ゼヴェリーンへの愛ゆえにそれを受け入れ、二人は契約書を交わし、奴隷と主人という関係になります。なお、契約書には、ワンダがゼヴェリーンに「自由を返還する時期」が契約書の満期になると記されていました。

その後、ワンダは「奴隷」のゼヴェリーンを連れてイタリアに旅行中、ワンダの前に別の男が現れます。嫉妬に狂うゼヴェリーンに対して、ワンダは彼への愛を告げますが、その翌朝、ゼヴェリーンがワンダの寝室でいつものように縄で縛りつけてもらい、鞭打ちを頼むと、件《くだん》の男が現れてゼヴェリーンを鞭で打ちつけ、ワンダはそれを見て大爆笑した後、ゼヴェリーンを放置してその場を立ち去りました。

しばらくして、ゼヴェリーンの元にワンダから手紙が届き、彼女は「(奴隷になりたがる彼の心の) 治療」のためにそうした行動に出たとの説明を受け、納得するのでした。

『毛皮を着たヴィーナス』のゼヴェリーンはワンダを愛し、彼女を絶対的に信頼しているがゆえに、そこからさらに進んで自らの意思を放棄し、彼女に完全に服従するために奴隷となり、鞭打たれることに快感を得るわけですが、彼女以外の男（＝服従の対象外）から鞭で打ちつけられることで自我を回復するという構造になっています。

ここで我々にとって重要なのは、マゾヒズムはただ単に苦痛を喜ぶことではなく、苦痛を与える相手への依存心を前提にして自分の意思を放棄しているという点です。

目的達成のために苦痛を耐え忍ぶはずが、いつの間にか苦痛を耐え忍ぶこと自体が目的になってしまい、目的を忘れてしまう。それどころか、苦痛をみんなで共有している限り、周囲から見捨てられることはなく、温かい共同体のなかで心の平安が得られる……。

環境問題に関して、明らかに理不尽な不便・不自由を押し付けられても、それに反発し、抵抗するのではなく、それをみんなで甘受することで安心してしまうという精神構造は、まさにマゾヒストそのものであり、そこに、環境規制によって新たな産業が創出されたという過去の成功体験が結びついてしまうと、「環境のためなのだから負担は仕方ない」、「エコなんだから黙って金を払うのは当然」という呪縛から抜け出るのは困難になってしまいます。

また、環境規制は、反成長主義・反資本主義的な考え方とも非常に結びつきやすいため、左派・リベラル系の人たちと親和性が高いという特徴があります。

ちなみに、欧米のエコ派はもともと右派・保守系の人たちが主流派で、たとえば、ドイツの緑の党は、保守系の市民が祖国ドイツの美しい自然を子々孫々に伝えていこうという趣旨で創立されましたが、長らく、マイナーな保守系諸派の域を出ませんでした。

ところで、1960年代に学生運動などを展開してきた左翼活動家たちは、ベトナム反戦を掲げて、ある意味、ベトナム戦争を「食い扶持《ぶち》」にしていたわけですが、1975年にベトナム戦争自体が終わってしまうと行き場を失ってしまいます。世界の左翼は基本的にレイオフ（一時雇用）なので、〝終身雇用〟の日本の左翼とちがって仕事を見つけるのが大変です。

そこで彼らが目をつけたのが環境問題です。

ベトナム反戦運動の活動家たち（の一部）は、ベトナム戦争終結後、エコ運動へと流れ、それまで右派・保守系のエコ派が訴えていた「祖国の環境を守れ」を「自分の国のことだけ考えるのではなく、地球全体の環境を守れ」に変えていきました。

こうした情勢の変化を受けて、緑の党の内部でも、環境問題に熱心な左翼活動家を受け入れて党勢を拡大しようと考えるグループと、あくまでも保守団体としての矜持《きょうじ》を守り、左翼勢力には与しないというグループが対立するようになります。特に、1979年11月4日にオッフェンバッハで行われた党大会で、左翼過激派の参加が認められるようになると、以後、大量の左派系活動家が相次いで入党。党の運営は実質的に左派に牛耳られるようになり、これに不満を持った保守系党員が1982年に脱退してドイツ独立環境党を創設すると、緑の党は完全に左派政党と化してしまいました。

現在の緑の党が掲げている反原発、自然エネルギーの推進という主張は、環境保護という観点から（賛否は別として）理解できるものですが、彼らはそれ以外にも、反核、反軍国主義、反NATO、平和主義、移民規制反対、反中絶、マリファナ使用の自由化、同性愛者の権利向上などを掲げています。これらは、環境問題とはまったく無関係の左派・リベラル勢力の主張に過ぎませんから、本来の意味での環境保護を考える保守系の人たちが出ていくのは当然です。

こうして左派リベラル系に乗っ取られたエコが日本にも輸入され、日本土着の「清貧はすばらしい」「苦労の先には明るい未来が待っている」という考えと混ざり合い、「環境を犠牲にする経済成長は悪だ」と訴える人たちまで出てきたというわけです。

「清貧」礼賛が「歪んだエコ」を生む

今でもよく「日本人は経済的に豊かになったから心は貧しくなった」と嘆いている人がいますが、根拠は何もありません。この手の反成長主義的な言説は、私がまだ子供だった1970年代以降たびたび登場しています。

「衣食足りて礼節を知る」や「恒産なくして恒心なし（一定の財産や職業をもたないと、一定の道徳心や良心を保つことができない）」という言葉があるように、国の経済が豊かになって、国民の生活も豊かにならなければ、人々の心に余裕も生まれません。他人を思いやる余裕もありません。

先に鴨長明の名前を出しましたが、古くから日本には、本来は絶対におカネに困らないような人たちが〝趣味〟で「清貧」を楽しみ、それをもてはやす風潮がありました。そうした思想や文化は今日まで確実に続いています。

極左フェミニストの代表的な論客で、東京大学名誉教授の上野千鶴子が、眺望良好なタワーマンションに住んでＢＭＷを乗り回し、休日には別荘にも往来していながら「平等に貧しくなろう」と主張しているのは、客観的にみればブラックジョーク以外の何物でもありませんが、彼女や彼女の支持者たちは（おそらく）大真面目に「貧しさ」を趣味として楽しんでいるつもりなのでしょう。

彼ら・彼女らは、善男善女が汗水たらして一生懸命働き、おカネを貯めて豊かな暮らしをすることを善とはせず、むしろそういう人たちを「成金」と呼んで叩いてきました。もちろん、なかには本当に下品な成金もいますが、真面目に働いてお金持ちになろうと考えることがあたかも悪であるかのような言説が中世以来一貫して続いてきたのです。

明治維新後の「富国強兵」にしても、一部に「国が豊かになるのはよいけれど、個人が豊かになるのはケシカラン」という空気がありました。第一次世界大戦の特需で成金になった男性が紙幣を燃やして「どうだ明るくなったろう」と女性の足もとを照らす風刺画を歴史の教科書で見たことがあると思いますが、当時から成金は「風刺」される存在だったわけです。

社会にそういう空気があるから、そもそも日本人は左派・リベラル系の人たちに取り込まれやすく、「経済的な豊かさが日本人の心を貧しくした」という類の反成長主義的な言説がたびたび世に出てくることになります。

また、「昨今の日本の風潮は〝今だけ、金だけ、自分だけ〟でケシカラン」と説教する人たちもいますが、私からすると何がケシカランのかよくわかりません。

もちろん程度の問題もありますが、「今」「自分で」「おカネを稼いで」経済的に自立した生活ができなければ、社会や周りの人間に対する思いやりなど持ちようがない。そこを無視して「ケシカラン」と言えるのは、ほぼ確実に自分たちが生活に困っていないからです。

左派・リベラル系に限らず、右派・保守系の人たちもよくこの手の説教をしますが、それが必要以上に人々に刷り込まれていくと、「もっと苦労しなければいけない」というマゾヒスティックな価値観が日本で再生産されていくことになります。

基本的に人類は、より豊かに、より清潔に、より安全に、そしてそれらをより安価に享受するために科学や社会を一生懸命発展させてきました。

しかし、日本ではそれを否定するかのように「豊かになったかもしれないけれど、マイナスも大きかった」と子供にも刷り込むような形で徹底的に教えています。これが日本の「歪んだエコ」を生み出している要因の一つです。

一応誤解のないように言っておくと、私は「経済のためならいくらでも環境汚染してもかまわない」と言っているわけではありません。環境規制すること自体が目的化し、規制の負荷による経済や国民生活への影響をかえりみずに一方的にエコを推進するのがおかしいと言っているだけです。

「環境のため」なら無理筋案件も通る

日本では、「環境のために○○を我慢しています」と言うことで「良いこと」をしている気分になる人たちがたくさんいます。こういった「縛られたいエコ」が盛り上がると、今度は「縛りたい人」たち、つまり隙あらば規制をつくりたがっている官僚機構や、規制が生む利権に群がって公金を吸い上げようとする左派・リベラル系の団体が喜びます。

規制をつくると、そこに新しいポストができて、予算がつく。だから彼らはいろいろな規制をつくろうと必死にがんばるわけです。

たとえば、虐待などの被害を受けた若年女性らに対する東京都の支援事業をめぐり、昨年（2022年）末、〝暇空茜〟（ハンドルネーム）が、事業の受託者である一般社団法人Colabo（以下、コラボ）が公開している会計報告に疑義ありとして住民監査請求を行い、今年（2023年）1月、東京都監査委員が都に再調査を命じたことで、にわかに注目を集めたコラボ問題はその典型です。

コラボは、2011年、「中高生世代を中心とする10代女性を支える活動」を目的に仁藤夢乃らが発足させた学生団体が母体で、2013年に一般社団法人化となりました。新宿・歌舞伎町などで居場所のない少女たちへの宿泊場所提供や、就労や生活保護受給の支援などを行っているとして、しばしばメディアでも紹介され、平成30（2018）年度以降、東京都から「若年被害女性等支援（令和2年度まではモデル）事業」の委託を受けていました。

令和5（2023）年度はこの業務委託費として、東京都はコラボに2600万円を支出していましたが、住民監査請求ではその会計報告をもとに、暇空茜が「食費や人件費、ホテル宿泊費などが不自然」などと指摘。監査委は税理士らへの不適切な報酬や領収書のない経費が存在するなどとして再調査を指示したほか、川崎市の浅野文直市議がコラボによる公金の「二重取り疑惑」を指摘するなど、公金のずさんな取り扱い方が問題視されています。

ところで、この件で問題になった都の事業は平成30年度、国が児童虐待やDV対策などの支援を進めるなかで始まったもので、それに合わせて、厚生労働省は2023年7月に「困難な問題を抱える女性への支援のあり方に関する検討会（以下、検討会）」を発足させました。

検討会は同年10月、「新たな制度構築に向け、具体的な制度設計等が進められ、できるだけ早く実現することを強く期待」するなどとした中間報告をまとめ、2022年、「困難な問題を抱える女性への支援に関する法律（以下、困難女性支援法）」が議員立法で成立。厚労省は「困難な問題を抱える女性への支援に係る基本方針等に関する有識者会議（以下、有識者会議）」を設置し、令和6年の完全施行に向けた準備を進めています。

コラボの代表を務める仁藤は、上記の検討会および有識者会議のメンバーに加わっていましたが、2018年10月24日の検討会（第4回会合）で「たった1000万円では、人を2人雇って、シェルターをどこか借りたらなくなってしまうような金額で、とても2人でできるようなことではないのにと思います。全国に広げるためにも、ちゃんと予算を付けてほしいと思っているんです」と発言しています。1000万円とは、コラボが都と結んだ同年度モデル事業の委託契約額（正確には1051万9000円）で、契約相手は都となっているものの、同年度の事業経費は国が全額を負担しています。

検討会の開催要綱には「婦人保護事業のあり方を見直すべきとの問題提起がなされている」ことを踏まえ「今後の困難な問題を抱える女性への支援のあり方について検討する」とありますが、そのメンバーである仁藤は、実務家としてヒアリングを受けたのではなく、検討内容に関与できる立場を使って、現状の予算額では不足だとして、増額や新たな財源を求めたわけです。このことは、公金を「受け取る側」の人間が、自ら「配る側」にも回っていたことを意味するもので、コンプライアンスが厳しくなった昨今、一般社会では到底認められることではありません。

実際、都からコラボへの支援事業へ委託費は令和3年度約2600万円、同4年度は約4500万円と増額されていますが、国が経費を負担した都のモデル事業などに対し、個別の政策評価が実施される予定はなく、定量的な成果目標も設定されておらず、具体的な根拠なく事業拡大が行われていったわけです。

事業受託の当事者でありながら、検討委に参加した仁藤が「ちゃんと予算を付けてほしい」と発言して、実際に予算が増額されていたことは紛れもない事実ですから、そこに関係者の癒着を疑うのは通常の感覚であれば当然のことでしょう。

さらに、困難女性支援法では、第9条ですでに各地にある女性支援センターの設置を義務付けているほか、第13条で「民間団体との協業」、第15条で官民の「支援調整会議」を義務付けており、これらの事業には巨額の公金が支出されることになっていますから、その成立過程や運用において国民の不信の目が向けられるというのは、民主国家としてはやはり問題でしょう。

日本の国会は立法府というよりむしろ利害調整の場になってきているので、立法の実務は基本的には官僚がやっています。官僚が規制をつくる、それによって利益の分配先ができる、しかもそれが縛られたがる人たちにも喜ばれる——これが日本で「ヘンな規制」が次々と生まれる構造です。

しかもこれが環境の話になると「環境のために我慢するのは良いことなんだから、みんなでその負担を分け合うのは当然だよね」という空気が醸し出され、法的な手続きにおかしなところがあっても強引に規制ができていきます。

ここで話を戻しますが、レジ袋規制がまさにそれです。

繰り返しますが、レジ袋を有料にするか無償にするかは、本来は店が決めればいいことです。それを国が強制的に決めるというのは憲法で保障されている「営業の自由」を侵害する恐れすらあります。

実はレジ袋有料化を法制化しようとする動きは平成の頃から何度もあったのですが、憲法違反の疑いがあることから実現しませんでした。

では、そんな無理筋な案件をどうやって成功させたのか。

環境省が他の官庁（特に経済産業省）を巻き込み、国会の審議を経た法律ではなく、各省大臣が自由に出せる省令で押し通すことにしたのです。正確に言うと、前述の容リ法に関連する省令の一部を改正し、「レジ袋の原則有償化を無償配布してはいけない」と盛り込みました。

仕掛けるタイミングも重要でした。

まず2019年6月4日に当時環境大臣だった原田義昭氏がプラスチックごみ削減に向けてレジ袋有料化の方針を発表。続けて同月15日に20カ国・地域（G20）エネルギー・地球環境分野の閣僚会議が長野県軽井沢町で開かれた際、開幕のあいさつで当時経産大臣だった世耕弘成氏が翌2020年に予定されていた東京五輪・パラリンピック開催までにレジ袋を有料化すると宣言して各国の賛同を得ました。

つまり、オリンピックという国際的な大イベントにタイミングを合わせて、国際会議で世界に宣言するという、外的要因を利用する形で話を進めていったのです。

原田氏は「世界中では何カ国もすでに実行していること、さらに我が国では富山県が先行実施していることを学習した上で」記者会見を開いてレジ袋有料化の方針を発表したと自身のフェイスブックに書いています。日本人は「突出したもの」や「絶対的な中心」を嫌うので、どうしても「世界のみんながやっているなら私たちもそれに従うべきだ」という右へならえの思考回路になりがちです。

ご存じの通り、その後コロナの感染拡大で状況が変わり、肝心の東京オリンピックが2021年に延期されることになりました。

しかし、レジ袋規制だけは当初の予定通り2020年7月、本来オリンピックが行われる予定だった時期にしっかりと実施されています。

また、当時はコロナの感染拡大を受けて「衛生的な面からもレジ袋を無償配布したほうがいいのではないか」という意見も多く出てきました。実際に欧米ではレジ袋の有料化を延期したり、無償に戻したりする国や地域もありましたが、日本は「もう決まったことだから」とまったく軌道修正しませんでした。

レジ袋の有料化は〝義務〟じゃない！

ところで、よく誤解されているのですが、レジ袋有料化は「義務」ではありません。みなさんが誤解されるのも当然と言えば当然で、2020年7月1日のスタート時から、環境省が小泉進次郎環境大臣（当時）という〝広告塔〟を使って「レジ袋の有料化が義務になります」と大々的にキャンペーンを打っていましたし、マスコミ各社も「レジ袋有料化義務化」と大きく報じていました。

しかし、実際には例外規定があり、①フィルムの厚さが0・05ミリ以上、②海洋生分解性プラスチックの配合率が100％、③バイオマス素材の配合率が25％以上のレジ袋に関しては有料化の対象外とされています。ようするに「環境に悪いレジ袋の無償配布はダメ。環境にやさしいものならオッケー」ということです。

こういう例外があるにもかかわらず、レジ袋は一律有料化が義務付けられたかのような誤解が世間に広まってしまいました。政府側の広報のやり方が非常に歪んでいたからです。

というのも、ガイドライン（プラスチック製買物袋有料化実施ガイドライン）の1ページ目には、わざわざ「レジ袋有料化義務化（無償配布禁止等）」と書き、あたかもレジ袋の有料化が一律で義務付けられたかのような印象を与えようとしています（https://www.meti.go.jp/policy/recycle/plasticbag/document/guideline.pdf）。

これはレジ袋の有料化が義務であると意図的に国民を誤解させようとしたと言われても仕方のないやり方です。「エコ（＝良いこと）なんだから多少強引なことをやってもいいだろう」というメンタリティが透けて見えます。

当然、この政府側の広報を何の検証もせずたれ流した大手メディア各社の責任も重いと言わざるを得ません。彼らが常日頃吠えている「権力の監視」機能など皆無です。

なお、「レジ袋有料化は義務ではない」というのは、私個人の勝手な解釈ではなく、国会答弁においてすでに政府が認めた事実です。

2022年4月8日の衆議院経済産業委員会において、日本維新の会の漆間譲司衆議院議員がレジ袋有料化は義務なのか義務じゃないのかを問いただしたところ、奈須野太経産省局長が「単純に言えば、実質的には義務化ということでございますけれども、法令上は、命令に従うことが義務だというようなことでございます」というわけのわからない答弁（ある意味「官僚が匙《さじ》加減《かげん》ひとつで義務か義務ではないかを決めていい」と正直に言っちゃった答弁）をしたもの、その後に大岡敏孝環境副大臣が「確かに、私どもの言い方が十分でなかった面があるかもしれません。全てのレジ袋の有料化が義務化されたというふうに聞こえてしまったのかもしれません。ただ、本当のルールは、（中略）有料化しなければならないものと有料化しなくてもいいものがあります。（中略）それが十分国民に伝わっていないということでありますので、そこはこれから、私たちもしっかりと正しく説明するように心がけてまいります」と素直に認めました（答弁の文言は国会議事録検索システムＨＰより引用）。

何度も言うように、企業が自分たちの判断でレジ袋を有料で売りたければ、別にいくらで売ってもいいと思います。

しかし、無償で配布してもいいという例外規定があるにも関わらず「レジ袋は一律有料化することが法律で義務付けられました」と国民に誤解を与えかねない表現で広報し、その結果本当に誤解が蔓延したのであれば、政府は当然その是正に努めなければなりません。

国会で指摘されるまで、それをまったくしなかった（する気もおそらくなかった）というのは批判されてしかるべきでしょう。

民主国家の根本は「手続き」

「手続き」に話を戻すと、国民に負担を強いる規制を「法律でできないから省令で実施する」というのは、民主国家の法制の手続きとして明らかにおかしいことです。それを「環境によいことだから」という理由で、本来民主国家としてあるべき手続きを経ずに強引に押し通したところがレジ袋規制の最大の問題点だと言えます。

「手続き」こそ民主国家の根本です。

レジ袋規制には反対派もたくさんいますが、彼らは彼らでこの手続き上の瑕疵については言及してきませんでした。「レジ袋が環境にどの程度負荷を与えているのか明らかではない」「レジ袋を減らしてもプラごみは減らない」といった技術論の話に終始してしまっていたのです。

もちろんそういった議論も大切ですが、実際のところ、環境問題に関する科学技術的な話は、専門家でも意見が分かれるためどうしても「神学論争」になりがちで、反対派・賛成派の意見がまったく噛み合いません。加えて、暴走するようなエコ派の背景にあるのは「エコ信仰」なので、彼らを論理的に説得しようとしてもまず不可能です。結局、どれだけ議論を重ねても結論が出ないまま時間だけが空費されていくことになります。そうなると、規制をつくりたい側の人たちにとっては都合がいいわけです。

だから、反対派も「レジ袋の環境への負荷が……」云々という攻め方をするのではなく、「民主国家として明らかに手続きがおかしい」と訴えるべきでしょう。実際、エコ派も手続き上の瑕疵には無頓着なことが多いので、手続き論で攻めるほうが有効です。

左派・リベラルのみなさん、大好物の「戦前と同じ」をスルーしていますよ

私は政府が消費税を5%、8%、10%と上げていったことは、政策として間違っていると思います。けれども、それは選挙前に税率アップを公約として掲げ、その後国会で議論して、きちんと多数派をとって実行したわけですから、手続き的には問題はありません。

ところが、エコ関連の規制は手続き的におかしくても「エコ（=良いこと）だから」という理由で何となく通ってしまいます。

政府が国会を経ずに省令で国民に負担をかける規制を実施した――環境規制に限った話ではありませんが、野党が本気で自民党を倒すつもりなら、（志の高い一部の議員だけでなく）政

党が一丸となってこうした政権のおかしなところを徹底的に攻めるべきです。しかし、それができていない（あるいはそもそも勝つ気がないからやらない）のが今の日本の野党です。

よく左派・リベラル系の人たちは「戦前の大日本帝国は〝非常時だ〟〝戦争に勝つためだ〟と言えば法律や憲法を無視して何でも強制的に命令できるひどい国だった」と言いますが、それと同じことが今まさに目の前で起きているのにスルーしています。環境、福祉、人権、コロナなど、人々が反対の声をあげにくい「免罪符」さえ用意すれば何でもまかり通ってしまう国になってしまっているのです。

国民に負担を強いる規制がどのようにつくられるのか、きちんとした手続きを踏んでいるのか、規制の根拠はどこにあるのか――野党も、そして我々有権者も、もっとそこに注目していく必要があります。

日本の閉塞感を打ち破るために有権者ができることとは？

さて、これまで述べてきたような問題がどこか別の国の話なら「いろいろあって大変ですね」

で終わらせるところなのですが、ほかならぬ日本のことなので、私なりに問題解決のための提案もしておきたいと思います。

本来なら野党が先に見た「手続き」論などで与党をしっかりと攻撃し、国民に広く支持を得られるような争点をつくってくれる存在になればいいのですが、「立憲」「民主」を看板に掲げている政党でさえ、立憲主義や民主国家の根幹である「手続き」にまったく無頓着です。

彼らが争点に持ち出してくるのは、差別、移民、ＬＧＢＴなど、少なくとも今の日本においては世論を大きく巻き込めない、国民的な争点になり得ないものばかり（繰り返しますが、これらはいずれも大切な問題であり、議論することに意味がないと言っているわけではありません）。結局のところ、彼らは自民党から政権を奪う気など毛頭なく、自分たちのイデオロギーにのっとったこと、あるいは自分たちのコアな支持者が喜ぶことだけをして、今の野党議員のポジションを維持したいだけです。

そして、そういう〝下心〟が透けて見えるから、一般的な国民に支持が広がらない。個人でがんばっている野党議員もいるにはいますが、少なくとも政党としては支持が広がっていません。その結果、「自民党も嫌だけど、野党もダメで頼りない。選挙のたびにどこに投票していいかわからない」という閉塞感が世の中に漂っています。

では、野党がまったく期待できないのなら、我々有権者には何ができるのか。何をするべきか。結論から先に言うと、日本のためにならないことをした（しようとしている）政治家たちを選挙で落選させることです。

私は、一部の左派・リベラルの人たちが言っているような「自民党一党独裁体制」という表現には賛同しませんが、一党独裁体制下での選挙の意味は真面目に考える必要があると思っています。

通常の民主主義国家では選挙によって政権交代もありうるというのが建前ですから、政権交代の起こり得ない一党独裁体制の国で選挙を行っても無意味なのではないかと思いがちです。しかし、体制を変革することはできなくても、選挙を行うためには選挙区に候補者を立てなければなりませんから、その時点で複数の人材のなかから選別は行われます。もちろん、そうした国では、実際に選挙区に立候補する候補は1人だけでしょうが、その1人に絞る過程で党内でのセレクションが行われ、結果的に、より優秀な人材、あるいは権力中枢により強いコネクションを持つ人材（＝選挙区により多くの利益をもたらしうる人材）が表に出てくるということになります。ここで、特段の事情もなく、明らかに能力の不足している人物を候補にすることは、結果的に一党独裁体制の権威を損ないかねませんので、彼らはその点は慎重になるのが一般的です。

これに倣《なら》い、我々は個々の政治家の所属政党とは無関係に（そもそも、日本では政党が政党としての体をなしていないのですから、この点で神経質になる必要はないでしょう）、落とすべき候補者はしっかり落とす、ということが重要だと思います。

プロパガンダも駆使して政治家に危機感を与えよう

たとえばエコを〝印籠〟に使って増税や規制を無理に推し進めようとするような政治家は、次の選挙で落選させる。そういう投票行動に出るべきだと思います。エコ規制は票にならない、エコ規制や増税を強引な形で進めれば票を減らしてしまう、最悪落選してしまう恐れもある――候補者側にそう思わせる実績を有権者側が少しずつでもつくっていくのです。

選挙の前には「この候補者は増税派ですよ」「この候補者は規制推進派ですよ」という事実関係を明らかにして「本当にこの人に投票していいんですか?」とインターネット等を通じて盛んに情報発信していくのも有効です。もちろんその際に感情的な誹謗中傷はアウト（名誉棄損で訴えられるリスクがあります）ですが、事実を情報発信すること自体には何の問題もありません。最終的にその候補者に票を投じるかどうかはそれぞれの有権者が判断することです。

実際に私も、レジ袋規制・炭素税に反対する立場から、原田義昭元環境大臣、佐藤ゆかり元環境副大臣、石原宏高元環境副大臣らに対して、徹底的に落選運動を仕掛けたことがあります。その結果、3人とも選挙区では落選させることに成功しました（石原氏は比例で復活）。

実際に彼らが落ちたのは選挙区の事情等もあるのでしょうが、そんなことは別にどうでもいい。大切なのは「原田・佐藤・石原はくだらないレジ袋規制を推進したから落選したんだ」と有権者側が大々的に〝戦果〟を発信して、候補者たちに危機感を持たせることです。

プロパガンダでも何でも、有権者側が積極的に発信することによって、たとえば次の選挙では自民党が規制推進派の候補者を差し替えるといった行動に出るかもしれません。そのためにも、実際の落選の原因は何であれ、「落選運動を仕掛けられた候補者が落選した」という事実を〝実績〟としてつくっていくことが大事です。

ちなみに、落選運動を仕掛ける際のポイントは、特に落としやすそうな候補者を狙うことです。本当は私も「レジ袋界のスター」小泉進次郎を落選させたかったのですが、野党も彼とは本気で戦う気がなかったのでさすがに難しいと判断し、比較的落としやすそうな前述の3人に狙いを定めました。

組織票の有権者と違い、落選運動を仕掛ける有権者は基本的には少数派ですから、ゲリラ戦術を駆使しないと勝てません。いきなり大きな首都を落とすのが無理なのであれば、小さい村から攻めていく。そして、その村を確実に攻略した時に「大勝利だ！」と戦果を謳えばいいわけです。

日本を変えるには政権交代よりも〝有害〟議員の落選が近道

政治家にとって、基本的に無党派は「お客さん」にはなりません。ならば、無党派層の有権者（あるいは与党消極的支持の有権者）は、落選運動という形で政治家たちに影響力を発揮して、政党側に候補者を差し替えさせていくしかないと思います。

こういうことを言うと、特に保守系の方たちや自民党消極的支持者の方たちから「落選運動なんかやって、立憲民主党や日本共産党の国会議員が増えることになってもいいのか」と批判されるかもしれませんが、私はそれでかまわないと思います。

もちろん、私個人の思想信条で言わせてもらうなら、立憲民主党や日本共産党が票を伸ばすことがいいと言っているわけではありません。しかし、今さら野党のダメ議員が数人増えたところで国政の大勢には何の影響もないから大丈夫です。たとえば、福岡5区で元環境相の原田義昭を下して初当選を果たした堤かなめ（立憲民主党）は、議員になってから2年弱が過ぎましたが、本書を制作している2023年6月の時点で、目立った実績は何ひとつ残しておらず、結果的に、日本社会に対して深刻なダメージも与えていません。それよりも、レジ袋のようなわけのわからない規制をしたり、今の日本の経済状況で増税を推進しようとしたりする〝有害〟な議員を一人でも減らすことのほうが、よほど価値があります。

むしろ、こうした落選運動を通して自民党に危機感を持たせ、次回の選挙で規制・増税推進派の候補者を規制緩和・減税派の候補者に差し替えさせる圧力をかけることに意味があります。

政権交代という形ではなく、有害議員を個別に落選させて交代させていく——これが日本の現状にマッチした有権者の合理的な投票行動だと私は考えています。がんばって野党を応援して政権交代させたところで「悪夢の民主党時代」の再来では元も子もありません。

これから日本の国民的な争点になりうるものとは？

日本にしっかりとした野党や近代政党ができたほうがいいのは確かですが、これまで述べてきた日本社会の構造的な問題から、一足飛びにそこまで行くのは難しいと言わざるを得ません。やはり現状、我々ができることはおかしな政治家を落選させることです。

落選運動を仕掛けるためには、しっかりと争点をつくらなければいけません。かといって野党がつくるような、国民の関心が薄い争点ではダメです。5：5とはいかないまでも、せめて7：3くらいに世論が分かれるような争点である必要があります。

しかし、実際のところ、今の日本で7：3の争点というのはなかなか見つかりません。

たとえば国によっては君主制か共和制かが7：3くらいの争点になりえますが、日本で「皇室なんてなくしてしまえ！」という人は、共産主義者などの〝特殊〟な人たちくらいで、おそらく5％以下でしょう。LGBTや移民、差別の問題も、それが大事か大事でないかは別にして、本気で関心を持っているのは、せいぜい国民の1割程度だと思います。

それを踏まえた上で、今後日本で7：3以上の争点として確立できそうなのは「減税＋規制緩和」だと思います。「増税してもいいから、今まで通りカネをばら撒いてくれ」という意見に対して「ばら撒かなくてもいいから、そもそもこれ以上国民から税金を取らないでくれ。規制を緩和して減税してくれ」という意見なら、おそらく争点としてある程度のバランスで分かれるのではないでしょうか。

「国会議員＝国民の代表」はウソ

もっとも、いわゆる「減税派」のなかには、経済学的にはかなりトンデモな主張をしている人たちもいることは確かです。しかし、その背後にある理論はさておき、少なくとも今の日本に必要な減税を訴えている彼らを「政治運動」として応援するのはアリだと思います。

そもそも、日本の現行の選挙制度のもとでは、国民のためになる減税を訴えても選挙に勝つのが難しいという事情があります。これもまた日本社会の病理ともいえる構造的な問題の一つです。

よく「国会議員は国民の代表である」と教科書的に説明されることがありますが、あれは完全な〝ウソ〟です。日本で国会議員が「国民の代表」だったのは、かつて衆議院議員選挙が全国区制（都道府県などの地域で分けず、全国を一つの選挙区とする選挙制度。1947〜1980年まで衆議院議員100名が全国区から選出された）だった時代しかありません。

基本的に国会議員は「支持者（特に地元の支持者）の代表」です。

国会はあくまでもその「支持者の代表」の〝集合体〟として日本国全体を代表している形になっているだけであって、個別の国会議員はあくまでも支持者の声や利権の代表に過ぎません。

だから、実際のところ日本の国会議員は、国民や国家のためではなく、支持者のために仕事をしています。それが彼らの本来の仕事です。

こうした構造的な問題を無視して、彼らに「国会議員だから国民のため国家のために仕事をしろ」と求めるのは、そもそも今の日本の選挙制度上、難しいと言わざるを得ません（建前はともかく実態として）。こういう表現をすると真面目な方々から怒られるかもしれませんが、「支持者の代表」に「国民・国家のための仕事」を求めるのは、そもそも日本の国会議員の仕事というものを〝誤解〟しています。

国会議員が「支持者の代表」である以上、増税して支持者にばら撒いてくれる候補者のほうが、減税を訴える候補者よりも選挙で有利なのです。

「ゲリラの気持ち」で投票を

繰り返しますが、増税も、減税も、規制も、規制緩和も、基本的には「手段」に過ぎません。増税すべき局面なら増税すべきだし、必要な規制ももちろんあります。「未来永劫、政府は減税・規制緩和しかしてはいけない」などと言うつもりはありません。当たり前の話ですが、状況に応じて「手段」も変わりますし、変えるべきです。

これまでの日本の政治家は、基本的には「増税するけどそれ以上に国民（特に自分たちの支持者）におカネを配るからいいでしょ」という立場でした。そして、今でもそういう「増税派」が多数を占めています。

経済が順調に成長していた時代なら、多少増税されたところで国民側にも余裕がありました。しかし、経済の低迷が続いた結果、もはや国民側（特に若者）にはそんな余裕はありません。

今の高齢者には「増税＋ばら撒き」の恩恵を受けてきた人たちが多いですが、今後は若者を中心に「減税＋規制緩和」を望む人たちが増えてくると思います。彼らのなかから「ばら撒きはいらないから、もうこれ以上税金を取らないでくれ」という減税派のコアが形成されていくはずです。

「増税＋ばら撒き」と「減税＋規制緩和」の対立軸が争点として確立するには、おそらくまだ時間がかかると思われます。

ならば、それまでの〝つなぎ〟として、増税派・規制推進派への落選運動を通じて「減税してくれ。規制緩和してくれ」と政治に訴え続けることは、減税派の有権者にとって合理的な投票行動になると思います。

「どうせみんな野党に投票できないから自民党は安泰だ」とぬるま湯につからせたままではいけません。「増税やむなし」「規制やむなし」などとうっかり口にすると落選してしまう、そんな恐怖と危機感を自民党に与えて、有権者側からプレッシャーをかけることが重要です。

全体として今まで通り自民党が勝利するのはかまいません。むしろそのほうがいいくらいです。与党内のおかしな政治家だけがその責任をとる形で狙い撃ちされて落選してしまうなら、国民側の意思表示として、現状では理想的だと言えます。

ばら撒いてもらいたい人たちがばら撒いてくれる候補者に票を投じるのはもちろん自由です。しかし、「ばら撒きはいらないから減税・規制緩和してほしい」と望むなら、「増税派・規制推進派の候補者は落としてやるんだ。お前の代わりなんかいくらでもいるんだ」という意思表示を明確にして、「ゲリラの気持ち」で票を投じていかないと、世の中を変えられないと思います。

おわりに

２０２１年12月、林芳正外相が、Ｇ７外相会議に出席し、中国の海洋進出が議論された後の夕食会でジョン・レノンの「イマジン」をピアノで弾き語り演奏したことが報じられました。このことに、筆者は強い衝撃と同時に、全身の血が逆流するほどの怒りを覚えました。

外交の基本は国際社会のなかで自国の国益を最大化することです。したがって、どれほど道徳的に卑劣な手段を使おうが、他国に物理的な損害が生じようが、結果的にそれが自分たちの国益になるのであれば、一切頓着しない。極論すれば、他のすべての国が滅んでしまっても、自国だけが生き延びて繫栄すればＯＫだという覚悟こそが外務大臣として最低限の条件です。だからこそ、外務大臣を名乗る人物が、他国の外務大臣（＝自分たちの国境だけは何としても死守しようと考えている人々）を前に「想像してごらん、国境のない世界を」と自ら歌うことなど、絶対にあってはならない愚行です。実際、「想像してごらん、国境のない世界を」と歌ってしまった人物が外務大臣を務める国の領海には、中国海警局の船が毎日のように侵入を繰り返し、北朝鮮は盛んにミサイルを打っています。諸外国からは、「イマジン」を歌う能天気な外務大臣なら、それくらいはされても当然と思われてもしかたありません。

本書で取り上げた国々は、例外なく、死に物狂いで国益（と彼らが信じること）を追求しています。そして、そうした剝《む》き出しの欲望がぶつかり合うことで世界が大きく揺れ動いているがゆえに、各国は迷走を余儀なくされているのです。だからこそ、決して安息の地など存在しない国際社会の混沌と無秩序を嘆くのではなく、むしろそれを前提に自分たちの身の処し方を考えるほうが建設的で精神衛生上も良いはずです。そして、世界のなかで我々が「どうすべきか」という問いに答えるためには現状を正確に認識する必要があります。本書はその一助となるよう筆者としては最大限の努力をしたつもりです。

なお、本書が日の目を見るようになったのは、担当編集者である川本悟史さんの献身的なご努力のおかげです。また、本書の構成や地図や図表等でご尽力いただいた吉田渉吾さん、本書の帯に各国指導者がニヤリと笑う似顔絵を描いてくださったkinakoさん、素敵な装丁をつくってくださった木村慎二郎さん、その他、ご支援ご協力いただいたすべての皆様に、末筆ながら、謝意を記して筆を擱くこととします。

2023年7月7日　小暑の東京にて

著者しるす

主要参考文献

＊紙幅の都合上、原則として、特に重要な引用、参照を行った日本語の単行本のみを挙げている。

・石野裕子『物語 フィンランドの歴史 北欧先進国「バルト海の乙女」の８００年』中公新書 ２０１７年
・今井宏平『トルコ現代史 オスマン帝国崩壊からエルドアンの時代まで』中公新書 ２０１７年
・今井宏平『クルド問題 非国家主体の可能性と限界』岩波書店 ２０２２年
・小笠原弘幸（編）『トルコ共和国 国民の創成とその変容 アタテュルクとエルドアンのはざまで』九州大学出版会 ２０１９年
・小倉紀蔵『韓国は一個の哲学である―「理」と「気」の社会システム』講談社現代新書 １９９８年
・小倉紀蔵『韓国人のしくみ〝理〟と〝気〟で読み解く文化と社会』講談社現代新書 ２００１年
・川島真・鈴木絢女・小泉悠（編著）『ユーラシアの自画像「米中対立／新冷戦」論の死角』ＰＨＰ研究所 ２０２３年
・小島剛一『トルコのもう一つの顔』中公新書 １９９１年
・近藤浩一『スウェーデン 福祉大国の深層 金持ち支配の影と真実』水曜社 ２０２１年
・鐸木昌之『（東アジアの国家と社会３）北朝鮮社会主義と伝統の共鳴』東京大学出版会 １９９２年
・竹下節子『フリーメイスン もうひとつの近代史』講談社選書メチエ ２０１５年
・立山良司『ユダヤとアメリカ 揺れ動くイスラエル・ロビー』中公新書 ２０１６年
・内藤陽介『北朝鮮事典 切手で読み解く朝鮮民主主義人民共和国』竹内書店新社 ２００１年
・内藤陽介『香港歴史漫郵記』大修館書店 ２００７年
・内藤陽介『韓国現代史 切手でたどる60年』福村出版 ２００８年
・内藤陽介『朝鮮戦争 ポスタルメディアから読み解く現代コリア史の原点』えにし書房 ２０１４年
・内藤陽介『日韓基本条約（シリーズ韓国現代史１９５３―１９６５）』えにし書房 ２０１９年
・内藤陽介『みんな大好き陰謀論』ビジネス社 ２０２０年
・内藤陽介『世界はいつでも不安定 国際ニュースの正しい読み方』ワニブックス ２０２１年
・内藤陽介『誰もが知りたいＱアノンの正体 みんな大好き陰謀論Ⅱ』ビジネス社 ２０２１年
・西田慎『ドイツ・エコロジー政党の誕生「六八年運動」から緑の党へ』昭和堂、２００９年
・Ｍ・シュクリュ・ハーニオール（新井政美・柿崎正樹 翻訳）『文明史から見たトルコ革命 アタテュルクの知的形成』みすず書房 ２０２０年
・ザッハー・マゾッホ（許光俊 翻訳）『毛皮を着たヴィーナス』光文社古典新訳文庫 ２０２２年
・松富かおり『エルドアンのトルコ 米中覇権戦争の狭間、中東で何が起こっているのか』中央公論新社 ２０１９年
・百瀬宏・熊野聰・村井誠人（編）『北欧史 デンマーク・ノルウェー・スウェーデン・フィンランド・アイスランド』（上・下） 山川出版社 ２０２２年
・ヘルムート・ラインアルター（増谷英樹・上村 敏郎 翻訳）『フリーメイソンの歴史と思想「陰謀論」批判の本格的研究』三和書籍 ２０１６年
・渡瀬裕也『なぜ、成熟した民主主義は分断を生み出すのか～アメリカから世界に拡散する格差と分断の構図』すばる舎 ２０１９年

内藤総研

郵便学者・作家の内藤陽介による
情報発信のためのオンライン・サロンです。

原則毎日配信のメルマガをはじめ、
各種のコンテンツをお楽しみください。

2022年1月22日、内藤陽介55歳の誕生日に
「内藤総研」が始まりました！

郵便学者 内藤陽介が歴史から
世界情勢・国内政治まで幅広く切り込みます！
ご登録いただくことで以下の特典を受けられます。

【無料会員】

・月一回程度有料会員向けのメルマガを無料会員にもすべて公開します。
・有料会員向けのメルマガを一部だけ無料会員に配信することがあります。

【有料会員】

・毎日メルマガが届きます。
・内藤総研内で内藤陽介とやり取りすることができます。
・月一回程度、動画配信を行います（予定）。
・メルマガや動画以外にもさまざまな情報配信を行います（予定）。

無料会員登録だけでも多くの情報を得られますが、
有料会員に登録すると
より多くの情報を得ることができます!!
内藤陽介も毎日、内藤総研にアクセスしておりますので、
気になる方はぜひご登録ください！

著者プロフィール

内藤陽介（ないとう・ようすけ）

1967年東京都生まれ。東京大学文学部卒業。郵便学者。日本文芸家協会会員。

切手等の郵便資料から国家や地域のあり方を読み解く「郵便学」を提唱し、研究著作活動を続けている。

主な著書に『なぜイスラムはアメリカを憎むのか』（ダイヤモンド社）、『中東の誕生』（竹内書店新社）、『外国切手に描かれた日本』（光文社新書）、『切手と戦争』（新潮新書）、『反米の世界史』（講談社現代新書）、『事情のある国の切手ほど面白い』（メディアファクトリー新書）、『マリ近現代史』（彩流社）、『日本人に忘れられたガダルカナル島の近現代史』（扶桑社）、『みんな大好き陰謀論』『誰もが知りたいQアノンの正体 みんな大好き陰謀論II』『本当は恐ろしい！こわい切手　心霊から血塗られた歴史まで』（いずれも、ビジネス社）、『日韓基本条約（シリーズ韓国現代史1953-1965）』『朝鮮戦争』『リオデジャネイロ歴史紀行』『パレスチナ現代史』『チェ・ゲバラとキューバ革命』『改訂増補版 アウシュヴィッツの手紙』『アフガニスタン現代史』（いずれも、えにし書房）『世界はいつでも不安定 国際ニュースの正しい読み方』（ワニブックス）などがある。

文化放送「おはよう寺ちゃん 活動中」コメンテーターのほか、インターネット放送「チャンネルくらら」のレギュラー番組「内藤陽介の世界を読む」など配信中。また、2022年より、オンライン・サロン「内藤総研」を開設、原則毎日配信のメルマガ、動画配信など、精力的に活動中。


本書の一部は、インターネット番組『内藤陽介の世界を読む』（制作：チャンネルくらら）をもとに、企画・構成しております。

番組は毎週木曜日、YouTubeの「チャンネルくらら」にて配信しております。ご覧いただけますと幸いです。

チャンネルくらら（主宰　倉山満）
https://www.youtube.com/channel/UCDrXxofz1ClOo9vqwHqflyg

本書の一部は、『おはよう寺ちゃん』の内藤陽介の発言をもとに、企画・構成しております。

『おはよう寺ちゃん』は文化放送のラジオ番組。

パーソナリティは寺島尚正。月曜から金曜 5:00 ～ 8:00 放送中。

内藤陽介は金曜日コメンテーターとして出演中。

YouTubeでも視聴可能です。ご視聴いただけますと幸いです。

【公式】文化放送 おはよう寺ちゃん
https://www.youtube.com/@ohatera

今日《きょう》も世《せ》界《かい》は迷《めい》走《そう》中《ちゅう》
国《こく》際《さい》問《もん》題《だい》のまともな読《よ》み方《かた》

2023年8月10日　初版発行

著　者　内藤陽介

構　成　吉田渉吾
校　正　大熊真一（ロスタイム）
編　集　川本悟史（ワニブックス）

発行者　横内正昭
編集人　岩尾雅彦
発行所　株式会社 ワニブックス
〒150-8482
東京都渋谷区恵比寿4-4-9 えびす大黒 ビル

お問い合わせはメールで受け付けております。
HPより「お問い合わせ」へお進みください。
https://www.wani.co.jp
※内容によりましてはお答えできない場合がございます。

印刷所　株式会社 光邦
DTP　アクアスピリット
製本所　ナショナル製本

定価はカバーに表示してあります。
落丁本・乱丁本は小社管理部宛にお送りください。送料は小社負担にてお取替えいたします。ただし、古書店等で購入したものに関してはお取替えできません。本書の一部、または全部を無断で複写・複製・転載・公衆送信することは法律で認められた範囲を除いて禁じられています。
©内藤陽介　2023
ISBN 978-4-8470-7339-7